Natanael Oliveira

AGÊNCIA ENXUTA

COMO MONTAR UMA AGÊNCIA DE MARKETING DIGITAL E GANHAR DINHEIRO COM O SEU CONHECIMENTO

Os 4 processos mestres para construir uma Agência Digital e fechar contratos de R$ 10.000,00

DVS EDITORA

São Paulo, 2018
www.dvseditora.com.br

Natanael Oliveira

AGÊNCIA ENXUTA

COMO MONTAR UMA AGÊNCIA DE MARKETING DIGITAL E GANHAR DINHEIRO COM O SEU CONHECIMENTO

Os 4 processos mestres para construir uma Agência Digital e fechar contratos de R$ 10.000,00

DVS EDITORA

São Paulo, 2018

www.dvseditora.com.br

AGÊNCIA **ENXUTA**

COMO MONTAR UMA AGÊNCIA DE MARKETING DIGITAL E GANHAR DINHEIRO COM O SEU CONHECIMENTO

Capa: DVS Editora
Diagramação e projeto gráfico: Schaffer Editorial

Dados Internacionais de Catalogação na Publicação (CIP)
(Câmara Brasileira do Livro, SP, Brasil)

Oliveira, Natanael
Agência enxuta : como montar uma agência de marketing digital e ganhar dinheiro com o seu conhecimento / Natanael Oliveira. -- São Paulo : DVS Editora, 2018.

ISBN 978-85-8289-187-2

1. Clientes - Satisfação 2. Marketing digital 3. Negócios 4. Sucesso nos negócios I. Título.

18-19146 CDD-658.8

Índices para catálogo sistemático:

1. Marketing digital : Administração 658.8

Cibele Maria Dias - Bibliotecária - CRB-8/9427

Sumário

CAPÍTULO 1

A Ilusão do modelo "Eu faço tudo para você" no Brasil

Não existem países subdesenvolvidos. Existem países sub administrados

Peter Drucker

Por todo o Brasil existem agências de marketing digital sendo criadas do zero ou agências **"tradicionais" migrando para o modelo digital.**

Alguns se inspiram nos moldes da cultura Google e Facebook, porém, só esquecem de um detalhe que é: "Eles prestam serviço e não são uma plataforma".

Falaremos mais sobre plataforma de negócios um pouco mais a frente.

A **mídia é a grande responsável** por criar o mito dos "empreendedores heróis" aquele destemidos, que nunca desistem e enfrentam todos os perigos até alcançarem suas grandes metas.

As histórias de empreendedorismo e superação nos inspiram a lutarmos com unhas e dentes pelos nossos sonhos e pela criação dos nossos negócios.

No entanto, no mundo real são poucas as empresas que realmente conseguem sobreviver por um período maior que 5 anos.

Se você procurar por algumas empresas que foram capa de revista de negócios há um ou dois anos atrás, irá descobrir a triste realidade que muitas delas fecharam suas portas.

Não gera cliques matérias com o título:

"Empresa que faturou 5 milhões no ano passado, fecha suas portas porquê não estava gerando lucro".

É muito difícil para o **"leitor comum"** entender que uma empresa faturou 5 milhões e não gerou lucro.

O que gera cliques e muita audiência são matérias do tipo: **"Cansada de comer na rua, empreendedora cria seu próprio negócio e já fatura R$10 milhões"**

Um texto de pouco mais de 500 palavras não é o suficiente para explicar os bastidores de uma empresa apenas para contar o resumo de uma história.

É exatamente isso que acontece quando candidatos a donos de agência de marketing digital ou novos consultores olham o vídeo institucional de uma "grande agência" e relacionam um escritório com muitos funcionários como um indicador de uma agência de sucesso.

Durante todos os capítulos você irá aprender como desenvolver a mentalidade da gestão voltada para a construção ou reconstrução de um negócio de consultoria voltado para o lucro, ou o que nós chamamos de **Agência Enxuta**.

Em outras palavras, o indicador de sucesso está relacionado a saúde financeira da agência, isso tem relação direta com a palavra lucro.

Metas erradas criam planos errados

Se um dono de agência ou consultor coloca como indicador de sucesso, isto é, todos os planos serão **uma meta, ter uma grande equipe e um grande volume de clientes** criados nessa direção.

Esse é o grande perigo. Peter Drucker ensina que:

"A única fonte de lucro é o cliente"

Simplificando esse conceito, a ideia é que uma agência precisa se concentrar nos interesses do cliente, ou seja, **o sucesso do cliente é o grande indicador interno para a agência.**

Eu sei que em um primeiro momento essa ideia de "sucesso do cliente" possa parecer algo **filosófico demais e pouco prático,** mas você irá entender a visão de negócios em alguns instantes.

Talvez você já tenha escutado a famosa história do mecânico que cobrou $100 dólares para apertar um parafuso e o cliente argumentou: "Mas você só apertou um parafuso e vai me cobrar $100 dólares?

E ele então responde: Eu não te cobrei $100 para apertar um parafuso mas para dizer qual era o parafuso certo que precisava ser apertado.

Essa história possui inúmeras variações, mas a lógica é sempre a mesma, **você não cobra pelo tempo que você demora em uma atividade ou pelo custo de fabricar aquilo que você vende, mas pelo valor que isso gera para o seu cliente.**

Em outras palavras, a única fonte de **lucro é o cliente**, não significa simplesmente fazer "o cliente feliz", mas identificar aquilo que o cliente está disposto a abrir a carteira para pagar.

Um negócio é baseado em receber um pagamento para resolver um problema específico. Quanto mais valiosa for a solução para o seu cliente, maior o seu lucro.

Sugestão de meta para o seu negócio de consultoria:

> Entregar resultados maiores e mais rápidos para o seu cliente, gastando o mínimo possível, com previsibilidade, organização e um alto lucro.

Repare bem na sequência das metas

1. Entregar resultados maiores:
   Cliente vender mais

2. Entregar resultados mais rápidos:
   Começar a vender tão logo que contrate você

3. Gastando o mínimo possível:
   Equipe enxuta de poucas pessoas na agência

4. Com Previsibilidade e Organização:
   O mesmo resultado para todos os clientes, não casos isolados

5. Alto Lucro:
   Gerando riqueza para a empresa e excesso de capital

Se você se concentrar nessas cinco metas e definir cada tópico como os indicadores de sucesso da sua agência, você estará sempre trilhando o caminho mais seguro, inteligente e lucrativo.

De tempos em tempos você poderá parar e se questionar:

1. Estou gerando grandes resultados para os meus clientes?
2. Estou entregando resultados rápidos para os meus clientes?
3. Estou gastando o mínimo possível? Existem gastos que podem ser cortados?
4. Existe previsibilidade nos resultados dos meus clientes?
5. Minha agência está com uma margem de lucro acima de 40%? (Irei detalhar isso mais a frente)

Criar indicadores de sucesso para sua agência com base nesses pilares é a **maneiras mais simples** de saber se você está indo no caminho do **lucro ou da falência.**

Eu sei que o termo "**Falência**" é um pouco pesado e é carregado de um sentimento de medo e frustração, porém, essa é uma realidade que precisa ser retirada debaixo do tapete e precisa ser analisada com muita atenção.

De uma maneira geral, a grande maioria das empresas vão à falência nos primeiros cinco anos.

O que precisa ser dito com muita clareza é que essas empresas não fecham as portas porque não conseguiram vender seu produto/serviço.

Algumas venderam mais do que conseguiam entregar, outras venderam com uma margem de lucro insuficiente, outros entregaram serviços medíocres e foram perdendo a reputação com o passar do tempo, etc.

As razões são as mais diversas, porém, na grande maioria das pesquisas sobre o assunto **a razão número 01 para o fracasso está na falta de planejamento**.

Mas antes que você comece a criar planos mirabolantes e extremamente complexos, lembre-se dos **cinco tópicos** citados, pois eles são extremamente direcionados para você que quer criar e expandir uma agência enxuta.

Talvez você já tenha escutado a seguinte frase de Peter Drucker:

"O que não pode ser medido NÃO pode ser realizado"

Infelizmente a grande maioria das pessoas tem usado essa frase somente para o contexto das campanhas de marketing.

É muito comum profissionais usarem essa frase para falar de métricas de campanhas, taxa de conversão, etc.

Apesar desse pensamento de Drucker ter uma ampla aplicação em diversos cenários, como um pensador de negócios Drucker sempre gostava de conversar diretamente com executivos e gestores.

Logo, é muito provável que o seu olhar estivesse direcionado para os indicadores do negócio e não de uma simples campanha.

Como dono de uma agência enxuta você precisa aprender a pensar mais como um **gestor** ao invés de "**marketeiro**".

Você precisa ter um olhar mais voltado para o mundo dos negócios ao invés de ficar "limitado" as configurações de uma campanha no Facebook.

Pensar como um estrategista de negócios significa concentrar a maior parte dos seus esforços em entregar um serviço de excelência, isto é, com previsibilidade, organização e eficiência.

David Oglivy certa vez deu sua visão sobre excelência:

"A busca da excelência é menos rentável do que a busca de grandeza, mas pode ser mais SATISFATÓRIA."

Enquanto o **verbo crescer e escalar** tem sido a grande causa da **falência** de muitas agências que crescem sem qualidade, a busca pela excelência por mais que gere um crescimento mais lento é sem dúvida um futuro muito mais promissor.

Não tente medir o sucesso de uma agência pelo **tamanho do escritório ou pela quantidade de funcionários,** essa é apenas uma maneira fácil de identificar os custos não o lucro.

Existem donos de agências com 100 funcionários que estão tendo lucros líquidos menores que consultores que trabalham com 2 ou 3 pessoas.

Qual das duas empresas está correndo mais riscos?

Uma agência inchada é geralmente o efeito do modelo

"Eu faço tudo para você".

São agências que começam a oferecer o serviço Full Service para os seus clientes, com a crença de que o cliente ficará mais satisfeito em pagar um valor mensal para uma única agência que irá cuidar **de "toda a parte digital".**

Apesar de isso gerar contratos com valores maiores, essa sem dúvida não é uma relação ganha-ganha.

De um lado você tem a agência com uma nova entrada de caixa, supostamente bem maior, porém, para suprir a demanda gerada por esse novo cliente será necessário fazer novos investimentos.

Geralmente esses investimentos são:

1. Equipe
2. Máquinas (computadores, monitores)
3. Internet (é diferente a internet compartilhada entre 5 e 50 pessoas, concorda)

Já vi casos de empresas contratando links dedicados com contratos de 5 dígitos e 6 meses depois demitir quase 90 funcionários.

Ao tentar cancelar o contrato, uma cláusula apontava uma multa que a empresa não tinha condições nenhuma de pagar.

Como resultado, uma dívida negociada em várias e várias prestações.

4. Espaço interno (na expectativa que a nova equipe irá ficar por lá por muito tempo, geralmente mudam de escritório)

5. Ferramentas

6. Treinamentos

Eu poderia adicionar alguns itens a mais, porém, acredito que você entendeu o ponto principal.

É importante que fique claro **que não estou dizendo que sou contra o crescimento,** visão de futuro promissor, etc.

Apesar não vejo segurança em fazer inúmeros investimentos baseados em contratos de Full Service.

Não são contratos seguros e correm grandes riscos de serem cancelados antes do período total do contrato.

Motivo? Falta de resultados

Já falei sobre o fator negativo para a agência e agora vamos falar do fator negativo para o empresário.

Imagine que o empresário contrata uma agência full service para **"cuidar de todo o digital".** Vamos começar pela parte mais básica.

É muito, muito difícil alguém ser bom em várias coisas ao mesmo tempo. Concorda?

Eu não conheço uma agência que seja a melhor em: "SEO, Adwords, Facebook Ads, Re marketing, Aplicativos, Mídias Sociais, Conteúdo, Campanhas de Vendas".

Além disso, **quando a cliente paga por "tudo" ele espera receber o quê?**

Sim, tudo.

Imagine que você foi no restaurante e pediu o "Menu Completo" que dá direito a entrada, prato principal e sobremesa. É muito provável que você queira os três pratos. Concorda?

É ainda mais provável que ao final você pense:

A entrada estava boa, o prato principal ok, mas a sobremesa deliciosa! Ou alguma dessas variações.

Dificilmente você irá amar os três itens.

Uma boa sobremesa em um restaurante menu completo dificilmente irá superar a loja especialista em bolos.

É a mesma lógica para o mundo das agências.

Dificilmente uma agência Full Service conseguirá fazer um trabalho bom em todas as áreas que ela promete para o cliente no contrato "Menu Completo".

Sabe qual a pior parte dessa história? Na maioria dos casos o cliente não precisava do menu completo, apenas de alguns poucos ingredientes.

O medo de perder um cliente

Conheço a história de um dono de agência que por medo de perder seus clientes começou a oferecer coisas demais.

Era um projeto de construção de uma campanha para geração de tráfego orgânico e tudo estava indo bem.

O blog estava no ar, o cliente estava começando a ter os primeiros resultados através do Google e também estava usando o conteúdo produzido no blog para enviar para sua base de e-mails.

Até que o cliente pediu uma recomendação sobre outro profissional que estava oferecendo o serviço de compra de tráfego. Com medo de perder o cliente ele ofereceu o mesmo serviço, cobrando um valor a mais dentro do contrato mensal.

O resultado não poderia ter sido pior.

O cliente colocou toda a expectativa na compra de tráfego esperando que os resultados iriam alcançar níveis altíssimos, porém, o resultado foi medíocre, consequência da falta da experiência da agência com o modelo.

Pouco tempo depois, a agência cancelou o serviço adicional de compra de tráfego e no mês seguinte encerrou o contrato original.

ESTRATÉGIA é diferente do operacional

Muitas empresas procuram por agências full "menu completo" quando acreditam que tudo o que elas precisam sejam pessoas com tempo e qualificação técnica para executar suas estratégias brilhantes.

É comum empresas colocarem o departamento de marketing para "acompanhar" o trabalho de uma agência, isso geralmente acontece quando o empresário diz que não tem agenda para acompanhar de perto o que será feito pela agência.

Fica evidente que o empresário não está relacionado a agência como algo vital para o crescimento da sua empresa, mas um assunto "técnico" que ele não tem tempo ou paciência para acompanhar.

O maior sinal que o empresário não considera um consultor ou dono de agência como uma autoridade é quando **ele tenta dar todas as "ordens"** ou está **sempre ocupado** para conversar com o dono da agência.

Trocar um serviço técnico/operacional é o que a maioria das agências "menu completo" estão fazendo quando começam a criar equipes de profissionais "operários" que apenas seguem ordens e não desenvolvem um pensamento crítico.

Ironicamente as maiores reclamações dos donos de agência full service são "é muito difícil contratar bons profissionais" ou "minha equipe não consegue fazer as coisas bem-feitas".

Todo o modelo da agência favorece esse cenário, pessoas que são "pagas para fazer coisas" operacionais o dia todo, simplesmente porquê está dentro do pacote ou porquê o cliente pediu.

Nos últimos 15 anos várias pessoas entraram e saíram do mercado de marketing digital, em algumas campanhas uma boa quantidade de dinheiro e depois perderam tudo tentando recuperar o negócio, enquanto outros perderam tempo e dinheiro.

Casos como empresas que vendiam "Fan Pages customizadas", até que o Facebook chegou e mudou completamente o Layout.

Caso de empresas que vendiam campanhas promocionais no Facebook para aumentar o engajamento, até que as promoções foram regulamentadas e o Facebook proibiu solicitar likes, compartilhamentos, etc.

Em um futuro próximo, atividades como **analistas de mídias sociais e produção de conteúdo serão algo tão comum quanto auxiliar administrativo.**

Isso fará com que a contratação desse tipo de serviço seja cada vez menor com empresas terceirizadas e passe a ser feitas por funcionários trabalhando internamente.

Isso aconteceu em áreas como por exemplo de TI, que atualmente é um dos setores que fazem parte de uma composição básica de uma empresa.

No entanto, nos últimos anos o maior crescimento na contratação de pessoas "de fora", isto é, serviços especializados, tem sido na área de consultorias estratégicas.

Há cerca de 4 anos eu estava atendendo uma grande empresa e participei da reunião da diretoria com um consultor de gestão de projetos.

O objetivo daquele consultor era reorganizar a empresa em uma quantidade menor de setores, reduzir o excesso de pessoas e melhorar os processos internos.

Ele seria o responsável por desenhar um novo organograma para a empresa. Basicamente ele estava cobrando para desenhar como seriam os processos daquela nova empresa.

Eu lembro quando vi o valor do contrato que era em torno de R$ 100,000.000.

Na época eu fiquei impressionado com aquele contrato e comecei a refletir sobre aquele contexto.

Eu tinha um contrato com aquela empresa de **R$ 5.000** por mês para cuidar de uma **necessidade de SEO.**

Já aquele consultor estava recebendo em um único projeto, algo que eu demoraria 20 meses para receber.

Por que?

O problema que ele iria resolver valia a pena investir R$ 100.000,00?

Sim, sem dúvida.

Existiam outras pessoas mais baratas para contratar? Sim.

Porém, aquele consultor conseguiu criar um posicionamento Premium, era muito arriscado colocar uma empresa daquele tamanho nas mãos de um amador, por isso valia muito à pena investir R$ 100,000,000.

Alguns anos depois de fechar contratos de R$ 20.000,00 por projetos e ter empresas investindo R$ 30.000,00 para participar de grupos de negócios comigo, sem que eu tivesse que fazer nada operacional, eu posso garantir que **investir em se tornar um estrategista é muito mais lucrativo do que ser um pessoal operacional.**

Durante esse livro eu quero te ensinar a construir a sua agência enxuta, transformar o seu nome em sinônimo de estratégia e te ajudar a ganhar dinheiro com o seu conhecimento e não com trabalho braçal.

Pronto para essa missão?

Então vamos em frente.

CAPÍTULO 2

O Líder, o Gênio e o Faz Tudo

Existem **três tipos de perfis** que podem resumir um consultor ou dono de agência.

Alguns possuem características dos três perfis outros tem uma ou outra de maneira predominante.

Vamos entender cada um dos perfis.

O **perfil faz tudo**: É o consultor ou dono da agência que é adepto da frase: "*Se quiser algo bem feito, faça você mesmo*".

Geralmente são pessoas com um perfil autodidata o que é uma coisa boa, no entanto, acabam transformando isso em uma desvantagem. Vou explicar isso de uma maneira bem simples.

Dentro do mundo do marketing digital existem inúmeras áreas, temas e subtemas a serem explorados. Somente no tema e-mail marketing, podemos falar sobre títulos de e-mails, ferramentas de e-mail marketing, reputação de um domínio/ip e a lista continua.

O perfil faz tudo tende a tentar se aprofundar em todos os temas e subtemas, o que acaba gerando um esforço enorme de aprendizado.

Geralmente são pessoas que aprendem com certa facilidade e conseguem fazer algo com mais velocidade que a média das outras pessoas, como por exemplo, conseguem colocar um blog no ar em 1 hora, enquanto outras pessoas podem demorar 5 horas ou 5 dias.

Achando que isso é uma vantagem, são pessoas que acabam criando o hábito de trabalharem sozinhas, afinal, ninguém tem sua velocidade e capacidade de aprendizado rápida.

Tendem a ser pessoas impacientes e aceleradas ou extremamente metódicas e lentas. Sim, o perfil faz tudo também pode se manifestar de maneiras opostas.

Ao invés de velocidade na implementação, uma lentidão única. No lugar de um aprendizado rápido, cadernos e cadernos de anotações e uma necessidade de assistir uma mesma explicação inúmeras vezes.

Obviamente o perfil faz tudo que tem o perfil mais metódico e lento tende a sofrer muito na implementação. Por outro lado, o "faz tudo" mais acelerado, tende a cometer muitos erros pela necessidade de fazer tudo rápido.

Mesmo que esse não seja seu perfil predominante, é provável que em um momento ou outro você tenha a tendência de seguir esses comportamentos.

A primeira regra para eliminar o perfil "**Faz tudo**" é entender que uma empresa pode até ser construída do zero por um único indivíduo, mas ela nunca será mantida viva por muito tempo apenas por uma pessoa.

Empresa é uma instituição coletiva jamais individual.
Se for individual é apenas hobbie.

Uma das grandes desculpas do perfil faz tudo para não investir em formar uma equipe é a de **"é caro pagar os salários".**

Veja o que Henry Ford fala sobre salários e equipe.

"NÃO é o EMPREGADOR QUE paga os salários.
Os empregadores só manipulam o dinheiro.
É o freguês que paga os SALÁRIOS. "
(Henry Ford)

Não estou dizendo que você deve sair contratando uma equipe sem planejamento, muito pelo contrário, o próprio modelo da agência enxuta ensina ter uma equipe de poucas pessoas (de 3-5 para atender 10 clientes com contratos de R$10.000)

Mas você precisa entender que sua agência enxuta precisa de uma equipe, caso contrário, você nunca será uma agência de verdade, apenas um consultor que tem um hobbie.

O sinal de **maturidade** da sua agência envolve a criação de uma **equipe enxuta** e **altamente especializada**. Investir em pessoas para a sua equipe e treinar o seu time, será o primeiro passo para você se tornar o líder de uma agência enxuta.

Mas, algumas pessoas começam a montar uma equipe com o planejamento correto, porém, acabam assumindo o perfil de "Gênio".

O **Perfil Gênio**: Alguns donos de agência acabam assumindo o perfil de Gênios do marketing digital e contratam pessoas apenas para fazer aquilo que ele não quer fazer, isto é, ele é um gênio que apenas precisa de ajudantes.

O Gênio geralmente é uma evolução do perfil "Faz Tudo" que cansou de fazer tudo e decidiu contratar algum tipo de ajuda.

Como esse perfil já tem muitas horas de experiência e já estudou muita coisa sozinho, tende a ter pouca ou nenhuma paciência no treinamento de um novo membro da equipe.

O que dificulta ainda mais esse processo é o fato do Gênio ter estudado sozinho, de maneira completamente aleatória, ou seja, no momento de treinar um membro novo da equipe ele simplesmente apresentar vários e vários materiais aleatórios e diz: "Estuda isso aqui".

Não são todas as pessoas que tem o perfil "Autodidata", mas mesmo que o novo membro consiga aprender tudo sozinho, como não foi apresentado um manual de operações padrão ou a maneira certa de executar aquelas atividades, em pouco tempo a personalidade de cada um será facilmente reconhecida nos trabalhos da agência.

Sem processos é impossível criar um padrão e sem padrão é impossível escalar qualquer coisa que seja.

Um prédio de 100 andares só consegue ficar de pé porque toda a sua base até o último andar foram criados dentro dos mesmos padrões, com medidas precisas.

Imagine a Coca-Cola com o gosto completamente diferente em cada uma de suas fábricas.

Como não existem processos definidos a equipe do dono de agência com perfil de Gênio acaba ficando insegura e cria-se um hábito de **"validação constante"** , isto é, tudo precisa ser aprovado pelo chefe/gênio.

A equipe para de pensar por conta própria e começa a tentar imaginar: "Será que o chefe vai gostar disso? "

A equipe para de pensar no público do cliente, no consumidor final e tenta a todo custo agradar o dono da agência, afinal, ele é o grande gênio.

Esse comportamento **extremamente perigoso** também acontece em muitas empresas, na qual o dono de se torna o "grande gênio" e mesmo sem a devida qualificação e habilidade necessária, tem a palavra final em diversos cenários.

Quando você cria uma equipe de pessoas que irão apenas te ajudar a fazer o que você não quer fazer, a responsabilidade final sempre será sua, você não terá na sua equipe conselhos sábios de pessoas capacitadas para te ajudar a tomar a melhor decisão.

Em casos extremos, o dono de agência com o **perfil "Gênio"** acabava ficando tão "irritado" com sua equipe, que desiste do time volta a fazer tudo sozinho, ou seja, volta a ser um "Faz tudo" e continua sempre no mesmo nível de faturamento.

Aqui é a concretização da frase:

"A empresa vai até aonde a mente do dono permite".

Um cuidado especial que o perfil gênio precisa ter é o de nunca contratar pessoas somente porquê são amigos que você gostaria de ajudar.

Esse é um risco absurdo para qualquer negócio.

Uma amizade criada nos negócios é melhor do que negócios criados na amizade.
John Rockefeller

O **Perfil Líder**: É necessário um mix de conhecimento avançado nas estratégias de vendas online e um modelo de negócios com processos bem definidos para testar o verdadeiro líder.

O grande papel do perfil líder como dono de uma agência está na disciplina de seguir os processos. Durante essa leitura você terá acesso a uma visão geral dos principais processos de uma agência enxuta e poderá testar se você terá a disciplina suficiente de um verdadeiro líder.

Esse perfil tem como principal característica o desejo de formar especialistas dentro da sua agência, pessoas que terão autonomia e liberdade para se aprofundarem em uma determinada área do marketing digital. No caso da agência enxuta **(Aquisição, Conteúdo ou Monetização)**

O Perfil líder concentra boa parte do seu tempo na criação e validação de processos que possam ser replicados. *A sua meta é organizar e facilitar a vida da sua equipe e criar uma rotina altamente produtiva.*

É comum a equipe validar com o dono de agência que tem o perfil líder as metas e estratégias, diferente do que acontece com o perfil "**Faz tudo**" no qual a equipe valida tudo.

A equipe do perfil "**Líder**" possui um grande respeito por sua opinião, mas tem total liberdade para realizarem testes independentes e retornam para apresentar os resultados e discutem um novo caminho a seguir.

O dono de agência com perfil "**Líder**" precisa ser paciente a erros e ter foco em corrigir as causas e não simplesmente fazer no lugar do membro da equipe.

Talvez essa seja a grande habilidade a ser desenvolvida. Usar um erro na implementação ou criação de uma campanha para ensinar os membros da equipe a maneira correta.

Em alguns casos os erros podem gerar prejuízos financeiros e o dono da agência precisa ter um olhar atento a falhas em processos e não a puramente falhas humanas.

Falaremos mais sobre isso na descrição da visão geral do escopo de uma agência enxuta.

A principal característica de um perfil "**Líder**" é o desejo ardente por modelos validas, isto é, encontrar a maneira mais inteligente, segura e lucrativa no dia a dia da agência.

O "**Líder**" está em busca de novas oportunidades e tende a procurar por mentores para facilitar suas tomadas de decisões.

Lembre-se: Um bom líder também
é um bom seguidor.

Para você se tornar um bom líder, primeiro você precisa ser um bom seguidor, por isso encontrar um mentor para sua agência é fundamental.

É muito provável que você tenha se identificado com pelo menos algum dos comportamentos dos três perfis, o que é completamente normal. Porém, é preciso entender que cada um dos perfis representa o nível de maturidade e potencial de crescimento da sua agência.

O perfil "**Faz Tudo**" está diretamente relacionado a um negócio imaturo, limitado e com grandes riscos no curto, médio e longo prazo.

Geralmente o perfil "**Faz Tudo**" trabalha por horas à fio, sem contar as inúmeras horas de estudo, o que faz com que a maior reclamação desse perfil seja: "Não tenho tempo" ou "Não consigo mais atender ninguém".

Sair desse modelo é questão de sobrevivência, dificilmente alguém consegue manter esse ritmo intenso e solitário por muitos anos sem algum tipo de prejuízo na saúde ou nos relacionamentos familiares.

VOCÊ é mais importante que sua empresa.
Ela precisa servir você e não o contrário.

O perfil Gênio apesar de experimentar uma rotina um pouco menos atarefada, tende a enfrentar muitos desafios com os seus clientes.

Reclamações de erros cometidos pela equipe, contratos prestes a serem cancelados ou constantes renegociações para manter as coisas rodando.

Por não ser um líder é comum que a equipe mude de tempos em tempos, o que acaba gerando grande preocupação e por muitas vezes o dono da agência precisa voltar a fazer atividades que ele simplesmente não suporta.

Infelizmente, muitos donos de agência com o perfil Gênio acabam desistindo de continuar investindo em equipe e voltam para o modelo "**Faz Tudo**".

Já o perfil "**Líder**" apesar de ter um trabalho duplo por um período de tempo, isto é, além de treinar a equipe ele continuará mantendo suas atividades normais, muitas vezes até com questões operacionais, será recompensado à medida que os talentos internos começarem a brilhar.

O "Líder" é responsável por mostrar a visão de futuro da agência, tem um olhar constante sobre novas maneiras, novos métodos e novos processos que serão capazes de facilitar a vida de sua equipe e potencializar os resultados.

O ser humano de um modo geral gosta de fazer parte de um time vitorioso, times que estão ganhando e que as pessoas estão comemorando vitórias.

O "**Líder**" está sempre procurando razões para celebrar e melhorias para serem comemoradas, sejam vitórias internas ou resultados de clientes.

É no modelo da agência enxuta que um líder consegue criar uma visão de propósito para sua empresa.

Como dono de agência o seu papel será o de gerar resultados em vendas para os seus clientes.

Nossos alunos do programa de formação **Expert em Vendas Online aprendem a criar campanhas capazes de vender todos os dias**, porém, mais do que isso, esse grupo está se tornando responsável por gerar emprego, acelerar a economia do país e mudar a realidade de empresas.

Imagine esse mesmo senso de **propósito na sua agência**, sua equipe entendendo que o trabalho que eles desempenham está causando impacto direto na economia do país, gerando empregos, ajudando famílias a se sustentarem, investirem na educação de seus filhos e tantos outros benefícios.

Uma empresa sem um verdadeiro líder não sabe para aonde está indo, e quando não se sabe para aonde está indo, qualquer lugar serve.

Uma empresa sem um verdadeiro líder não sabe para aonde está indo, e quando não se sabe para aonde está indo, qualquer lugar serve.

Agora que você entendeu a importância de se tornar um líder para a sua agência, partiremos agora para o momento de apresentar quais os **processos você precisa dominar para guiar sua agência nesse novo caminho.**

CAPÍTULO 3

Os 4 Processos Mestres Para Sua Agência

Um dos maiores aprendizados que tive durante minha jornada como vendedor de planos telefônicos foi entender o poder dos processos.

Processos são poderosos para alavancar seus resultados e principalmente para economizar tempo e dinheiro. Como vendedor de planos telefônicos existem duas fases obrigatórias para o fechamento completo de um contrato.

São eles:

1. Fechamento da venda
2. Aprovação do Contrato

Se você já fechou um plano telefônico, comprou um carro ou uma casa, sabe que o processo é bem burocrático e existem várias e várias assinaturas para finalmente você finalizar sua compra.

Isso tende a acontecer com um nível maior de burocracia quando a sua compra faz parte de um mercado altamente regulamentado e geralmente repleto de reclamações e processos.

Nesse cenário qualquer erro no contrato pode gerar grandes prejuízos para as empresas. No caso dos planos telefônicos o pedido de um novo contrato obrigatoriamente passa por uma análise individual.

Essa é uma maneira de diminuir riscos de processos; golpes; entre outras coisas.

Logo nos meus primeiros meses enfrentei a frustrante experiência de ter um contrato "recusado", ou seja, fiz algum preenchimento errado ou deixei de adicionar alguma informação obrigatória.

Além de atrasar a ativação do plano para o cliente, o meu erro gerava prejuízo financeiro para a empresa que eu trabalhava, pois, o pedido iria demorar para ser faturado e como consequência, a minha comissão iria atrasar.

Uma série de pontos negativos, nada positivo.

Conversando com consultores mais experientes recebi a orientação de usar o Checklist para preenchimento de contratos. Ao invés de fazer de uma maneira completamente aleatória, comecei a seguir a exata sequência recomendada pelos processos.

Esse foi meu ponto de virada. Depois disso nunca mais errei o preenchimento de um contrato e todo mundo saiu ganhando.

Infelizmente, esse é o mesmo problema que muitos consultores e donos de agência estão enfrentando diariamente, mesmo que muitas vezes eles não façam ideia do que está acontecendo.

Aqui estão alguns problemas causados pela falta de processos mestres:

1. O cliente se sente inseguro e pede novas e novas reuniões de realinhamento

Um dos maiores motivos para o encerramento de contratos recentes é a insatisfação do empresário com a falta de processos do consultor. Imagine você chegando em um restaurante e não tem ninguém na recepção para lhe direcionar.

Você fica ali perdido, sem saber em quanto tempo terá uma mesa livre ou sequer se existe uma mesa livre. Depois de alguns minutos sem que alguém apareça imagine que alguém aparece e diz que em breve irá falar com você.

10 minutos se passam e ninguém aparece, o que você faz?

Ninguém gosta de entrar em um restaurante "desorganizado" ou participar de um evento com falhas de organização. O ser humano de um modo geral busca por ordem e sensação de segurança.

Os restaurantes bem treinados e com processos bem definidos sabem exatamente como tratar um cliente do começo ao fim. Sabem como recepcionar, qual ordem seguir, o que oferecer primeiro e assim sucessivamente.

Agora pense em uma agência ou um consultor começando um novo contrato sem processos definidos. Semelhante ao restaurante que gera uma sensação de desorganização, a agência em poucos dias de contrato irá mostrar para o cliente que não sabe muito bem o que está fazendo.

2. O cliente se sente seguro com a agência, mas os resultados não estão aparecendo e ele decide seguir sozinho

Uma das maiores reclamações que eu recebo dos empresários é:

"O consultor vendeu muito BEM, mas a entrega foi péssima".

Em alguns casos os empresários vão além e dizem que o consultor não entregou nada do que prometeu.

É comum alguns consultores e donos de agência se perderem em meio a lista de atividades que precisam serem executadas no início de um novo projeto. Porém, tudo isso é apenas **consequência da falta de processos.**

Quando o empresário não consegue visualizar uma evolução nos resultados – mesmo que mínima - o primeiro pensamento que surge é: "Não faz sentido ficar pagando alguém para as coisas continuarem do mesmo jeito"

A melhor maneira para transformar sua agência em um negócio que atrai e retém clientes é definindo os processos mestres que você irá seguir. Se o leitor estiver disposto a trilhar esse caminho com seriedade e dedicação, os frutos que você irá colher serão extremamente lucrativos.

Custa muito caro não ter um objetivo definido

Quando você coloca como a **meta principal** do seu negócio de consultoria e da sua agência enxuta ajudar os seus clientes a venderem todos os dias, tudo fica mais fácil.

Definir o objetivo principal do seu negócio de ajudar os seus clientes a vender todos os dias lhe obriga a fazer algumas perguntas-chaves, são elas:

Quais as atividades mais importantes para gerar vendas diárias?

São todas as empresas que estão prontas para entrar nesse modelo?

Quanto tempo eu preciso para conseguir implementar tudo?

O que eu preciso dominar para executar todas as etapas?

Essas são algumas perguntas básicas que você precisa responder para dar o primeiro passo em transformar sua agência em uma especialista em gerar vendas todos os dias.

Desde que criei a **Marketing Com Digital** juntamente com minha esposa e sócia, Iaponira Oliveira, juntos tomamos a seguinte decisão: "*Nós só iremos ensinar aquilo que nós fizemos e deu* certo".

Eu sei que o leitor vendo essa afirmação pode pensar: "Mas isso é algo óbvio".

Infelizmente é muito comum no mundo da educação empresarial, autores e profissionais que assumem papel de liderança no mercado, sentirem a necessidade de falar de novas tendências que ainda não foram validadas, nem ao menos por eles mesmos.

A necessidade de se manter relevante e atual, faz com que muitos profissionais ensinem aquilo que elas apenas leram a respeito e ainda não colocaram em prática no mundo real dos negócios.

Vou explicar exatamente como chegamos nessa clara definição e como isso pode ser a chave para você definir os processos mestres para sua agência.

Escolha primeiro seu Escopo Mestre de Serviços

Quando eu comecei minha carreira como **Consultor de Marketing Digital**, tudo aconteceu muito rápido, tão logo que eu pedi demissão na Oi eu comecei a fechar meus primeiros contratos.

Como vendedor de planos telefônicos na Oi, eu tive excelentes resultados, porém, em pouquíssimo tempo tive que tirar todo o site do ar. De qualquer forma, foi tempo suficiente e volume de resultados suficiente para saber que eu tinha algo nas mãos que poderia ser replicado.

Foi assim que tudo começou na minha jornada. Depois que comecei a fechar os meus primeiros contratos de SEO, repetia exatamente os mesmos processos e as mesmas etapas que fiz para vender planos telefônicos.

Não importava o mercado do cliente ou o tamanho da empresa, eu sempre seguia exatamente a **mesma sequência.** Em pouco tempo a nossa agência foi se consolidando, a equipe foi crescendo e aqueles processos eram seguidos rigorosamente por todos os membros do nosso time.

As indicações para nossos serviços eram algo extremamente comum e nossos clientes estavam realmente felizes com nosso trabalho.

Até que um belo dia, durante uma viagem em um final de semana comemorando o aniversário da minha esposa, eu vi uma publicação que falava de uma tendência no mercado digital.

Eu lembro como se fosse hoje, nessa época morava em Fortaleza e no final de semana viajamos para uma pousada em umas das várias praias que temos no litoral cearense.

Minha esposa adora praia, e ela sempre fala que todas as viagens ela que sempre organizava tudo. Isso é uma grande verdade.

Continua assim até hoje. rs. Mas, naquele dia quis fazer uma surpresa e preparei a programação de final de semana.

No entanto, uma outra "surpresa" estava me aguardando. Voltei para o quarto para carregar o celular e por força do hábito decidi olhar o que estava acontecendo no "Mundo Online".

Vi uma postagem do dono de uma agência de SEO falando sobre o movimento mundial das agências de SEO se tornando agências Full service.

Eles estavam anunciando que agora eles seriam uma agência full service e além do serviço de SEO passariam a oferecer um cardápio completo de serviços para todos os seus clientes.

Comecei a ver a lista:

- Adwords
- Gestão de mídias sociais
- Produção de Conteúdo
- Criação de Layouts

- Criação de Sites
- Criação de Aplicativos
- Google Analytics
- e a lista continuava...

A cada item que eu lia subia um frio na espinha e uma insegurança começou a tomar conta de mim naqueles poucos segundos.

Eu precisava voltar para a piscina, para curtir a praia e o aniversário da minha esposa, mas tudo o que eu conseguia pensar era: **"Nós seremos engolidos... Seremos deixados para trás. "**

Perdido nos processos e perdendo o trilho

Quando voltei para casa continuei pesquisando e acompanhando várias e várias agências no Brasil e no mundo se tornando Full Service. Não demorou muito e os primeiros clientes começaram a perguntar: *"Você vai fazer Adwords também? "*

Em pouco menos de dez meses nós já tínhamos adicionado uma série de novos escopos no nosso serviço, contratamos novas pessoas e decidimos mudar o nome da agência.

Sim, decidi mudar o nome da agência. Mudamos a logo, pintamos o escritório com as novas cores e começamos a trilhar o novo e desconhecido caminho da agência full service.

Lembro que gravei um vídeo para explicar a mudança, nunca publiquei esse vídeo, ele ficou muito ruim. Olhando para trás acho que nem eu mesmo acreditava no que estava fazendo.

Não demorou muito tempo para perceber que aquela decisão não tinha sido uma boa decisão. Agora com novos escopos e sem processos, aquilo que era uma agência extremamente organizada, diariamente cometia erros e precisava apagar vários incêndios.

Com o tempo as coisas foram se acalmando e conseguimos colocar a agência nos trilhos, mas o trabalho diário continua insano e em um ritmo que dificilmente conseguiria manter por muito tempo.

Aquilo que era minha alegria, começou a se tornar um fardo extremamente pesado de ser carregado. É importante que o leitor entenda a lição contida nessa história para não cometer os mesmos erros.

Eu tomei uma decisão de mudança de modelo de negócios baseado no que algumas pessoas estavam fazendo sem sequer ter a certeza que iria dar certo. Felizmente, essa ação precipitada me ensinou uma importante **lição de sempre procurar algo seguro e validado.**

Foi assim que decidi ir para os EUA e me dedicar a procurar por modelos consolidados e que continuavam lucrativos.

Quando encontrei o modelo das campanhas e descobri que poderia ser muito bem pago para criar estratégia ao invés de ficar no operacional, sabia que tinha encontrado o modelo perfeito.

Depois de validar inúmeras vezes como agência, tomamos a decisão de formar novas pessoas na aplicação desse método e assim surgiu uma nova empresa que é a **Marketing Com Digital** e também o programa de **formação Expert em Vendas Online.**

Juntamente com esse novo momento, a séria decisão de ensinar somente aquilo que nós fizemos e foi validado.

Os bastidores dos 4 processos mestres

O que você irá aprender agora consiste nas quatro fases principais de todo novo projeto. Esses são os pilares fundamentais para iniciar um projeto de marketing digital com a grande meta de gerar vendas diárias para o seu cliente.

Aqui estão as quatro fases:

1. Construção de uma nova oferta

2. Construção de uma nova linha editorial

3. Construção de uma estratégia de aquisição de clientes
4. Construção de um calendário anual de campanhas

Cada uma dessas fases está intimamente interligada e para que funcionem da melhor maneira possível precisam ser feitas na exata ordem.

Tal qual um bom restaurante tem os processos bem definidos para receber seus clientes, sua agência será capaz de atrair, encantar e reter seus clientes.

Durante os próximos capítulos irei discorrer detalhadamente sobre cada uma das fases, porém, nesse primeiro momento farei uma apresentação geral do que representa cada uma dessas quatro fases.

Fase número 01: Construção de uma nova oferta

Quando um empresário procura por um consultor ou por uma agência o objetivo é um só: "Aumentar as vendas".

A primeira coisa que você precisa fazer tão logo que fechar o contrato com um novo cliente é se **concentrar totalmente na construção de uma nova oferta.**

Irei utilizar nesse livro o termo "Oferta" para facilitar a apresentação geral do método, porém, o leitor irá perceber que dentro do termo Oferta existem vários sub-termos que complementam a ideia geral do que significa essa primeira fase.

Ao iniciar um novo projeto o seu primeiro passo é analisar a atual oferta do seu cliente. Em outras palavras, como ele vende o seu produto ou serviço hoje?

Qual a mensagem principal para vender o produto?

Qual o posicionamento dessa empresa para o seu mercado?

Existe um posicionamento claro da empresa perante o mercado e seus concorrentes?

Quais os resultados atuais da empresa com essa oferta e posicionamento?

Basicamente nessa primeira fase você quer descobrir quais os **resultados atuais** e como eles estão sendo alcançados.

Talvez o leitor questione acerca de empresas com produtos ou serviços novos que ainda não tem uma oferta no ar.

Nesse caso, você deve começar analisando a oferta e a mensagem dos seus concorrentes diretos e indiretos.

Após essa primeira fase de análise é chegado o momento de **construir uma nova oferta e uma nova página de vendas**. Esse é o pontapé inicial em qualquer projeto.

Analisar, e recriar uma oferta para o seu cliente.

Fase número 02: Construção de uma nova linha editorial

Dizem que o conteúdo é o rei, a rainha, o príncipe, o reino todo, etc.

Sim, o conteúdo no mundo do marketing digital e das vendas online é algo extremamente importante, no entanto, simplesmente produzir conteúdo sem uma verdadeira estratégia é pura perda de tempo.

É lamentável ver a quantidade de empresários que dedicam tempo e dinheiro criando centenas e centenas de artigos que simplesmente não geram resultados em vendas ou ficam sempre muito abaixo do esperado.

Não adianta contratar ótimos redatores com um excelente português se a linha editorial da empresa for fraca e não tenha a capacidade de fazer com que os leitores tomem uma ação de compra.

É por essa razão que toda a **linha editorial** do seu cliente precisa ser criada com base na **mensagem de vendas** que foi feita na fase 01, que foi a criação de uma nova oferta

Somente com uma mensagem de vendas em mãos e um posicionamento validado e que seja capaz de criar um desejo de compra, você conseguirá definir a linha editorial perfeita para o seu cliente.

O conteúdo precisa ser um reflexo direto da mensagem de vendas. Quando você segue a ordem correta e **cria a linha editorial somente na segunda etapa, fica muito mais fácil definir os temas certos,** aqueles que serão realmente capazes de gerar vendas para a empresa.

Não adianta criar conteúdo que recebem milhares de likes, views e comentários, no final do dia o que vale são as vendas geradas.

Criar uma linha editorial com base na nova mensagem de vendas é um pré-requisito obrigatório para a fase 03. Se você errar na fase 02, o risco de perder dinheiro com publicidade cresce absurdamente.

E é exatamente os prejuízos acumulados com investimento em publicidade que faz com que os consultores e donos de agência percam clientes diariamente.

Fase número 03: Construção de uma estratégia de aquisição

Logo mais à frente iremos falar sobre a estruturação do **organograma da agência enxuta** e qual a melhor maneira de dividir as quatro fases entre os membros da sua equipe, ou até mesmo para você que no começo irá executar as quatro fases sozinho, algo que é totalmente possível.

A **estratégia** de **aquisição** consiste basicamente em investir em publicidade com **três metas em mente:**

1. Construir uma lista de e-mails
2. Gerar as primeiras vendas através desses anúncios
3. Recuperar imediatamente o investimento em publicidade

É muito comum no mundo do marketing digital empresas realizarem investimentos em anúncios seja no Facebook ou Google Adwords para a construção de uma lista de e-mails.

Essa lista é construída com a esperança que em um futuro próximo possa gerar um retorno financeiro superior ao investimento publicitário.

Em alguns casos empresas passam de três a seis meses investindo em construção de lista para somente então, realizar alguma ação de vendas.

Se tudo der certo, ótimo. Mas se algo não acontecer como esperado, prejuízo.

Esse é um modelo que representa um risco maior para a empresa, além do atraso de faturamento, que ao invés de acontecer diariamente, semanalmente e mensalmente, em alguns casos acontece a cada seis meses.

A grande maioria das empresas precisa ter um faturamento diário para sobreviver e crescer, e o modelo de campanhas de aquisição é o ideal para essas empresas.

Em uma **campanha de aquisição** é feita a divulgação de um material educativo gratuito, seja um e-book, um vídeo, planilha, etc.

Porém, ao invés de simplesmente construir uma lista de e-mail para tentar vender depois de alguns meses, no modelo de campanha de aquisição é feita uma oferta imediatamente.

Tão logo que o cliente em potencial faz a solicitação para receber o material gratuito é feita uma **primeira oferta**. Caso não aconteça a compra imediatamente, é realizada uma **segunda ação** de vendas já nos primeiros dias após a entrada na lista de e-mails.

Porém, ao invés de oferecer o produto principal da empresa e geralmente com um valor maior, na campanha de aquisição é oferecido produtos de um valor menor, em comparação ao produto principal.

Para definir qual o melhor material educativo, que nós chamamos de **Imã Digital,** qual a melhor oferta para ser feita imediatamente após o cadastro e qual a sequência de vendas para quem não comprou no primeiro momento, para isso os processos da fase três foram criados.

A **fase 03** assim como todas as outras precisa estar intimamente ligada a **fase 01** e a **fase 02**. Se você errar na construção da nova oferta, irá errar na criação da linha editorial e como consequência terá uma campanha de aquisição medíocre.

Com uma campanha de aquisição fraca, o seu cliente não conseguirá ter um movimento suficiente para gerar as vendas do seu produto principal, algo fundamental para a fase 04.

Fase 04:
Construção de um calendário anual de campanhas

A grande maioria das pessoas não irão comprar o produto principal da sua empresa logo no primeiro momento.

É comum você encontrar empresas com taxas DE CONVERSÃO na casa dos 1% e muitas vezes abaixo disso.

Isso significa que a cada **100** pessoas que visualizaram uma determinada oferta, em média apenas **1 pessoa** irá finalizar a compra.

A grande maioria das empresas se concentra nesse número de 1% e trabalha para aumentar o volume de pessoas visualizando a oferta, isto é, se conseguirmos gerar 1% de conversão com 10.000 pessoas, os resultados serão bem melhores.

O grande problema nesse pensamento é que na prática o que geralmente acontece é o contrário disso.

A empresa enfrenta cada vez mais dificuldade para aumentar o volume de tráfego, ou seja, fica mais caro atrair mais pessoas e por outro lado fica ainda mais difícil manter a mesma taxa de conversão.

Na prática o que acontece é o seguinte: A empresa dobra o investimento em tráfego, ou seja, gasta mais e vende praticamente a mesma coisa.

Em alguns casos a empresa aumenta o investimento e consegue até vender mais, porém, como precisou gastar mais para vender mais, o lucro foi menor.

Em alguns casos a empresa aumenta o investimento e consegue até vender mais, porém, como precisou gastar mais para vender mais, o lucro foi menor.

É assim que muitas empresas aumentam o faturamento, mas continuam com o mesmo lucro. A maneira mais inteligente de resolver essa questão é aumentando a sua taxa de conversão com a base que você já tem à sua disposição.

É aqui que entra o **calendário anual de campanhas,** que consiste em uma série ordenada de ações para quem já conhece sua empresa e já recebeu alguma oferta do seu produto/serviço e disse ainda não.

Assim como todas as outras fases, na fase 04 os resultados só serão positivos caso você tenha feito um bom trabalho na fase anterior.

Essa é a ordem lógica das **quatro fases mestres** para você seguir e se dedicar a se tornar um grande especialista em cada uma dessas etapas.

Se o leitor se dedicar em dominar completamente as quatro fases, conseguirá de uma maneira rápida e precisa construir estratégias para os seus clientes e caso algo não dê o resultado esperado, analisar em qual fase está o problema.

Durante os próximos capítulos iremos detalhar cada uma das fases, essa será sua grande oportunidade para definir de uma vez por todas uma ordem lógica e eficiente para todos os seus contratos.

Quando eu voltei dos EUA essas fases estavam bagunçadas e existiam várias peças soltas. Infelizmente ou felizmente, cada uma dessas fases foi encontrada em locais diferentes e algumas delas bem escondidas ou extremamente complexas no início.

Dediquei os últimos cinco anos **na organização e validação desse modelo e dessa sequência** e hoje posso afirmar que essa é a linha mestre e mais segura para você seguir.

Esses processos já foram ensinados para mais de 1.000 alunos no nosso Programa de Formação Expert em Vendas Online, esses consultores têm assumido a dianteira no Brasil com esse método e tem conseguido fechar contratos de alto valor.

Nos últimos anos eu já ajudei pessoalmente mais de **200 empresários** através dos nossos grupos de negócios, como o **Grupo de Implementação e a Sala da Mente Mestre, nosso grupo de Mastermind**.

São inúmeros casos de sucesso na implementação do método e também na migração para o modelo "Venda Todos os Dias Durante 1 Ano".

Se o leitor definir como grande meta fazer parte desse grupo e tiver a disciplina suficiente para dominar todas **as 4 fases e os sub-tópicos de cada fase**, sem dúvida **conseguirá fazer parte de um grupo seleto de profissionais no Brasil e no mundo.**

CAPÍTULO 4

Fase 01 – Criando uma Nova Oferta para o seu Cliente de Consultoria

O **Princípio de Pareto** com a regra do 80/20 é um dos conceitos mais falados no mundo do marketing digital, no entanto, a grande maioria das pessoas **não** conseguiu compreender o que significa essa poderosa regra.

No modelo da agência enxuta a grande descoberta é que você pode fazer **mais com muito menos** e pode **lucrar mais oferecendo menos** serviços para o cliente.

Ao invés de oferecer uma lista infinita de serviços operacionais, você simplesmente cobra um alto valor para montar uma campanha.

O modelo da agência enxuta em si já é uma clara aplicação da regra 80/20. De um modelo bem resumido o princípio de Pareto mostra que **80% dos resultados são gerados por apenas 20% dos esforços.**

Isso significa que dentro de 100 atividades que foram realizadas para aumentar as vendas de uma empresa, apenas 20 delas foram o que gerou 80% do resultado.

A regra 80/20 é o que chamamos de trabalho inteligente, isto é, por que algumas pessoas conseguem fazer em apenas 2 horas o mesmo resultado que uma pessoa demorou 8 horas?

Todas essas disparidades entre esforço x resultados é o que é levado em consideração no momento de tentar traçar a relação 80/20.

Durante a minha busca pessoal em encontrar a melhor solução para gerar resultados rápidos e eficientes para os meus clientes, me tornei obcecado por encontrar aquilo que seria capaz de gerar mais resultados para os meus clientes.

É importante que o leitor conheça os bastidores dessa jornada para que **fique gravado em sua mente** como o método que você está tendo acesso nesse livro é capaz de elevar seus resultados de uma maneira previsível e inteligente.

Quando eu migrei de uma agência SEO para uma agência full service, comecei a contratar novas pessoas para a equipe. Nessa mesma época decidi abrir uma nova sede da agência em São Paulo.

Essa foi a razão principal pela qual decidi me mudar para São Paulo. Comecei a montar uma nova equipe em São Paulo enquanto a equipe de Fortaleza conduzia os atuais clientes.

Com o passar do tempo as duas sedes estavam conseguindo trabalhar de maneira integrada com os nossos clientes. Duas sedes, duas equipes, trabalho dobrado.

Quando percebi que o modelo da agência full service, apesar de estar gerando um faturamento maior, não seria algo escalável e principalmente, estava muito arriscado, comecei a procurar o 80/20 na agência.

Não foi difícil encontrar e identificar que 90% das pessoas da minha equipe, poderiam facilmente serem dispensadas, pois o que elas estavam fazendo não impactava em nada os resultados.

Quando eu voltei dos EUA e comecei a me especializar em Funis de Vendas Automáticos e Campanhas, comecei a realizar testes sozinho, sem envolver a minha equipe.

Foi nessa época que selecionei alguns clientes mais próximos e comecei a executar um **escopo novo**, algo que não envolvia atividades operacionais, apenas estratégia e campanhas.

Esses clientes começaram a ter resultados maiores e mais rápidos que todos os demais. Imagine esse cenário por alguns instantes.

Uma agência com cerca de 16 pessoas na equipe, trabalhando full time em atividades operacionais para uma quantidade específica de clientes.

Do outro lado, uma pessoa sozinha, implementando novas estratégias que envolviam raras atividades operacionais.

Quando feita uma comparação, sozinho eu estava gerando resultados extremamente superiores, e a razão era bem simples, eu estava me concentrando naquilo que causava grande impacto.

E é exatamente na primeira fase, na construção de uma nova oferta para o seu cliente que você deve se concentrar logo no início do projeto.

Um dos clientes que comecei a atender sozinho, já tinha uma página de vendas rodando há aproximadamente oito meses.

Nosso trabalho como agência era criar anúncios para levar para essa página de vendas. Nossa equipe de conteúdo criava novos artigos para gerar tráfego orgânico, os artigos possuíam links que levavam para essa página de vendas.

Nossa equipe de mídias sociais realizava publicações no Facebook para gerar engajamento e dentro do calendário de publicações alguns links levavam para essa página de vendas.

Nossa equipe de criação, trabalhava na criação de layouts para promover os artigos, para dar feliz dia da árvore e algumas outras coisas mais rsrs.

Enfim, existia todo um aparato operacional para dar suporte ao cliente em várias frentes da sua presença online.

Porém, o que eu decidi fazer de novo foi me concentrar no estudo das técnicas de Copywriter e construções de mensagens.

Decidi criar uma nova oferta para o cliente, uma nova mensagem, um novo vídeo de vendas, uma nova página de vendas, tudo completamente novo.

Simplesmente construindo uma nova oferta, os números de vendas começaram a crescer, dia após dia.

Fizemos o disparo para uma base de e-mails do cliente, enviando para a nova página de vendas e em pouco mais de cinco dias geramos um **grande boom de vendas**.

Comecei a repetir o mesmo processo em outros clientes e os resultados foram sempre os mesmos. Em poucos dias conseguimos sentir o impacto do nosso trabalho no faturamento do cliente.

Quando o cliente já possui uma lista de e-mails ou já tem algum tipo de tráfego sendo gerado para uma página de vendas específica, a primeira coisa que você deve fazer é **analisar essa oferta atual e criar uma nova mais poderosa.**

Depois de dominar os principais pontos de uma oferta poderosa, o leitor irá perceber que a maioria das empresas possui uma oferta genérica e absurdamente fraca.

Os processos para criar uma nova oferta

A primeira coisa que o leitor precisa entender sobre a construção de uma oferta é que fazer uma **oferta significa simplesmente apresentar uma oportunidade para o seu público.**

Ao invés de pensar em uma oferta como "tentativa de vender algo" pense na oferta como o momento de mostrar uma grande oportunidade para um público específico.

Com essa palavra oportunidade em mente, podemos seguir com o detalhamento dos processos.

Imagine que você está em um Shopping e você vê o seguinte anúncio: "90% de desconto nos Carrinhos para Bebê na Loja "Super Bebês"... essa oferta é válida somente nos próximos 30 minutos.

Essa seria uma boa oportunidade?

Depende de quem ouvir. Se a pessoa que ouviu estiver procurando por um carrinho de bebê, provavelmente sairá correndo para garantir seu desconto.

Para outras pessoas a oferta provavelmente seria ignorada. Com base nisso entendemos que uma oportunidade é a junção de alguns elementos:

1. Público com uma necessidade específica
2. Condição temporária
3. Contexto específico

A combinação desses três elementos é capaz de tornar uma oferta quase que impossível de ser ignorada.

Volte para o exemplo do shopping.

Imagine o cliente em potencial que foi ao Shopping procurar por um carrinho de bebê.

(Necessidade específica)

Eles foram até o shopping, local no qual a oferta será feita, isto é, estão no contexto certo, existiu um passo anterior contextual. (Contexto específico)

Desconto nos próximos 30 minutos. (Condição temporária) exige uma resposta direta, seja um sim ou um não.

Quando você iniciar o projeto com um novo cliente, pare e preste atenção nestes três itens.

1. A mensagem está sendo direcionada para um público específico? (Problema/Necessidade específica)
2. A oferta está sendo feita no contexto/momento correto? (Aconteceu algum passo contextual que deu permissão para a oferta?)
3. Existe alguma condição temporária que exige uma resposta direta de sim ou não? (Existe um claro deadline?)

Construindo uma mensagem específica para um problema específico

Toda venda é 100% emocional. As pessoas abrem a carteira simplesmente para resolver um problema.

Por trás de cada transação comercial existem de um lado alguém procurando a **solução específica para insatisfação específica e alguém com uma possível solução.**

Para construir uma excelente oferta você precisa **aprender** a apresentar uma **grande oportunidade para o público** e para fazer isso você precisa ser mestre em **falar sobre o problema deles.**

Existe uma estrutura padrão para fazer com que o público consiga enxergar claramente que aquela mensagem ou aquele produto foi feito para ele (a).

Se essa estrutura não for respeitada, provavelmente pessoas que teriam grande interesse em determinado produto/serviço irão ignorar completamente a apresentação dos “benefícios”.

O ser humano de um modo geral tem um comportamento de autopreservação, por essa razão sempre que é apresentado algum problema que você se identifica "Isso é comigo", sua atenção é redobrada.

Imagine você em um evento e escuta no alto-falante, atenção proprietário do veículo BMW Preto, o seu carro está sendo rebocado.

Porém, a placa do carro não é citada no alto-falante. Agora imagine que existam 3 pessoas dentro daquele evento que possuem uma BMW preta.

O que você acha que eles irão fazer?

Sim, muito provavelmente irão partir em disparada para ver se é o seu carro que está sendo rebocado.

Essa é nossa lógica de atenção seletiva, se tem relação comigo eu presto atenção, caso contrário, facilmente posso ignorar.

O grande problema da maioria das empresas é que suas mensagens tentam falar com todo mundo e ao mesmo tempo não falam com ninguém.

Além disso, suas mensagens não criam nenhum tipo de urgência e não faz com que as pessoas "se mexam".

Imagine que nesse mesmo evento alguém falasse no alto-falante:

"*Atenção todos os motoristas que guardaram o carro no nosso estacionamento... gostaríamos de avisar que todos os carros estão bem, mas se você quiser ir conferir, fique à vontade*"

Você deixaria sua poltrona? Algumas pessoas sim, muitas não. Mas acredito que com esse exemplo o leitor será capaz de entender de uma maneira simples o que é uma mensagem fraca e uma mensagem poderosa.

A mensagem poderosa faz com que a pessoa passe por três etapas fundamentais:

1. Isso foi para mim (BMW Preta)
2. Eu preciso tomar uma ação (Ir lá fora conferir)
3. Eu preciso fazer isso agora ou posso ser rebocado (Risco em não agir)

Se não existir um sentimento de risco e perda relacionado ao fato do cliente não tomar uma decisão, a oferta perde muita força.

É por essa razão que na **fase número 04** iremos falar sobre o calendário de campanhas anual, momento no qual definimos condições especiais para serem distribuídas em meses específicos.

Aqui está um manual para você **construir uma nova mensagem** para o seu cliente.

A mensagem possui uma estrutura padrão que envolve falar da situação atual do público, as causas, a solução e os próximos passos.

Basicamente o seu papel é:

1. apresentar o cenário atual
2. O que causou essa situação atual
3. quais os obstáculos ele irá enfrentar
4. como superar cada um deles
5. como fazer isso agora.

Cenário atual: Os grandes problemas

- Como é a realidade atual do cliente enfrentando os problemas que você sabe como resolver?
- Quais a consequência de viver dessa maneira?
- O que irá acontecer se o problema não for resolvido?
- Qual nome você poderia dar para descrever essa situação? Ex: (Ciclo da Falência)

Conflitos e a causa do problema: O grande culpado

- Quem ou o que foi o grande responsável pela piora na situação atual?
- O que está impedindo o público de sair dessa situação?
- Quais os resultados negativos que estão fazendo com que o público desista de tentar resolver o problema
(Ex: Já tentei com professor particular, mas mesmo assim não aprendi inglês)

Os grandes obstáculos: Faça a lista dos inimigos

- O que exatamente precisa ser solucionado?
- Qual é o problema especificamente que precisa ser solucionado.
- Qual é a melhor arma para derrotar esses inimigos?
- Como aniquilar os poderes dele?

O Plano da Salvação: Como superar os obstáculos

- O que precisa ser feito para solucionar esse problema?
- Faça uma listagem completa de todos os passos necessários
- O que o público precisa evitar para não falhar na solução do problema

Há um passo da nova vida: Como ativar a nova realidade

- O que precisa ser feito para alcançar uma nova realidade sem os problemas
- Como será a nova realidade (Os detalhes)
- Quais as principais lições aprendidas e que não serão repetidas

Crie uma mensagem super simplificada

Um dos meus livros favoritos é o livro "**Posicionamento - A batalha por sua Mente**". Um dos livros mais vendidos no mundo dos negócios, porém, pouco aplicado.

Basta você acompanhar algumas empresas durante dois ou três anos e você poderá identificar inúmeras falhas de posicionamento, principalmente no que Al Ries chama de **Engarrafamento na Transmissão**.

No livro ele fala sobre o grande volume de informações que as pessoas tem acesso todos os dias, e olhe que a primeira versão do livro foi escrita em 1981, eu ainda não tinha sequer nascido.

Imagine hoje em 2017. A defesa do autor é que somente uma mensagem **"super simplificada"** é capaz de furar o bloqueio do engarrafamento na transmissão que Al Ries também define como uma espécie de barulho mental.

A mensagem super simplificada consiste em uma mensagem tão afiada que seja capaz de penetrar a mente do público sem grandes dificuldades.

Se o seu cliente ou a sua empresa tem uma mensagem difícil demais de ser explicada em poucos minutos é bem provável que sua mensagem esteja supercomplicada.

Menos é mais quando o assunto é criação de uma oferta e de uma mensagem. Enquanto estava escrevendo este capítulo conversei com um amigo que sempre toma decisões de compra após conversar com alguns membros de sua equipe.

Recentemente ele voltou para a empresa falando sobre a apresentação de um produto que ajudaria sua empresa na criação de novos anúncios, mas quando sua equipe pediu que ele explicasse o que era o produto, ele não foi capaz de explicar de uma maneira clara.

Em nossa conversa ele comentou: *"A apresentação me deu muita informação que me fez decidir comprar, mas a mensagem não ficou gravada, não consigo passar para frente ou defender a compra"*.

Mensagem principal é muito mais importante que excesso de informações.

Alguns meses atrás conversei com um empresário que tinha feito a compra de um carro, porém, o seu pedido demorou cerca de 70 dias para ser entregue.

Lá pelo 60º dia a empresa ligou para ele com o objetivo de confirmar alguns dados sobre a compra do veículo, inclusive a versão que ele tinha feito a escolha.

Ele confessou que sequer lembrava do nome da versão, ele só lembrava que tinha gostado do carro e qual era o preço.

Durante a ligação ele começou a descrever o interior do veículo, até que finalmente identificou a versão do carro.

Talvez para o leitor seja algo absurdo esquecer informações tão relevantes sobre uma compra de alto valor, mas tente lembrar com detalhes todos os dados técnicos da sua última compra de um veículo ou apartamento/casa.

Você sabe quantos cilindros? Qual a metragem exata do seu imóvel? Qual a metragem dos quartos?

Lembre-se: Uma mensagem é mais importante que informações.

Não deixe que a sua lentidão faça o seu produto fracassar

Al Ries defende que a **velocidade supera a qualidade**. É importante deixar claro que o autor não defende que um produto não deve ter qualidade e por isso deve ser feito às pressas sem preocupação.

O contexto fala sobre velocidade na comunicação sobre o produto e na construção de um posicionamento único.

De acordo com o autor enquanto a maioria das empresas se preocupa em falar "nós somos os melhores" em algo que já existe, o produto vencedor será o primeiro a falar nós somos "o novo" o "diferente" do que já existe.

Enquanto muitas empresas estavam brigando em falar

"Nós somos o melhor Disquete", outra empresa chegou e lançou o primeiro Pen-Drive.

Qual produto foi vencedor?

É importante sempre que você iniciar um novo projeto com um cliente de consultoria a análise da relevância daquele produto no médio/longo prazo.

Em alguns casos, você está diante de um "produto abacaxi", isto é, um produto que está prestes a ser completamente substituído por algo novo e diferente, não obrigatoriamente melhor.

Agora que você entendeu os princípios cruciais para a construção de uma mensagem, podemos avançar para a parte da escrita de uma carta de vendas ou o script de um vídeo de vendas.

Se torne um Excelente CopyWriter ou Faça Seus Clientes Perderem Dinheiro Com Você

Saber escrever para vender é uma das **grandes habilidades** que todo profissional de marketing deveria dedicar boa parte da sua vida profissional persistindo em aprender. **E isso não é um exagero.**

Existe a maneira inteligente de estudar CopyWrite e a maneira não tão inteligente assim, para evitar usar outra palavra.

O **ponto crucial** é que não adianta criar uma campanha com uma mensagem ou uma copy fraca. Assim como não adianta ter uma boa copy se você não sabe estruturar uma boa campanha.

Tudo está intimamente ligado e você precisa saber jogar os dois jogos. Ponto.

Hoje nós temos alguns profissionais que até sabem seguir um bom roteiro de criação de copy e até conseguem escrever um texto minimamente persuasivo, porém, quando a carta de vendas ou o vídeo estão prontos, a única coisa que eles sabem fazer é jogar tráfego direto. Uma **estratégia arriscada,** mas que funciona caso tenha uma boa copy, porém, a questão é por quanto tempo irá funcionar?

Durante a escrita desse livro tive a reunião com um empresário do ramo de saúde que me relatou os dois piores momentos da sua empresa nos últimos meses. Todos eles estavam ligados à problemas com suas contas no Facebook Ads.

Durante o ano de 2016 a cada R$1 investido ele tinha um retorno de R$4 a R$5 um ROI absolutamente alto.

No entanto, no início de 2017 boa parte de suas contas foram bloqueadas e pela primeira vez eles estavam com o faturamento próximo à zero durante várias e várias semanas.

Recomendei que ele executasse uma campanha para sua base de e-mails, quando ele me confessou que na estratégia deles não existia construção de lista de e-mails.

100% de suas ações estavam ligadas ao envio de tráfego direto para a carta de vendas.

Perguntei se eles não tinham uma lista de pessoas que geraram boleto e não finalizaram a compra, felizmente a resposta foi positiva.

"Sim, mas nunca enviamos nada para essas pessoas". Perguntei se eles tinham algum outro produto fora aquele que estava sendo promovido e a resposta também foi positiva.

Sugeri então criarmos uma nova copy e realizarmos uma nova campanha para aquela base de e-mails de pessoas que não tinham dado um primeiro passo na compra.

Em pouco mais de 5 dias foi gerado um faturamento equivalente a 15 dias de vendas.

Esse é um exemplo prático de como é preciso ter uma união da especialista em construção de campanhas, gestão de uma lista de e-mails e uma boa copy.

NÃO é O meu objetivo nesse livro falar detalhadamente sobre processos de Copy, afinal, esse tema por si só já valeria um livro completo.

Se você deseja se aprofundar no assunto e dominar os principais processos e estratégias de como escrever para vender todos os dias, a minha sugestão é que você conheça a nossa certificação "**Especialista em Copy**".

CAPÍTULO 5

Fase 02 – Criando uma Nova Linha Editorial Para o Seu Cliente de Consultoria

Apesar de ser um dos pilares mais importantes em qualquer estratégia moderna de marketing digital o conteúdo também é o **maior "tiro no pé"** que muitos profissionais e empresas tem cometido diariamente.

Infelizmente, algumas empresas colocam como meta alcançar o primeiro lugar para determinada palavra-chave, como se isso fosse garantia de um alto faturamento.

Não estou dizendo que as estratégias de SEO não sejam importantes, porém, de longe não deveria ser a meta de nenhuma empresa colocar uma palavra-chave na primeira página do Google.

A meta de uma empresa deve ser a **de vender todos os dias com lucro, previsibilidade e inteligência.**

Um dos maiores receios da grande maioria dos empresários é com a imagem da sua empresa, o que é uma coisa boa.

Porém, o que deveria ser uma boa preocupação, acaba criando um cenário de "proibido vender" ou fazer ofertas. Infelizmente, a grande maioria das empresas conseguiriam um crescimento significativo em suas vendas se simplesmente oferecessem mais.

O medo de parecer um "vendedor chato" é o argumento usado pela maioria dos empresários. Mas, existe uma grande diferença entre ser um vendedor chato e ser um vendedor inteligente.

Napoleon hill no livro "quem vende enriquece" fala sobre o mundo das vendas como uma arte que precisa ser dominada por aqueles que desejam triunfar na vida.

Napoleon define a arte de vender como "a arte DE INFLUENCIAR sem chatear". O leitor atento já deve ter percebido que o segredo para influenciar sem ser um chato está exatamente na arte de criar bons conteúdo.

Depois de passar pela fase 01 – Criação de uma Nova Oferta, você terá nas suas mãos a linha mestre para criar uma linha editorial desenhada para vender todos os dias.

Se você cumpriu a primeira fase da maneira correta e foi capaz de criar uma mensagem única, tudo o que você precisa fazer é revisitar a carta de vendas para identificar os principais pontos que serão destacados para a construção da linha editorial.

Ao contrário do que a grande maioria das pessoas pensam sobre linha editorial, montar um cronograma de conteúdo não significa simplesmente listar os temas e títulos dos artigos que serão produzidos.

Uma **linha editorial** define quais as mensagens que você deseja passar ao final da peça de conteúdo. A conclusão do conteúdo é o fechamento da mensagem.

Pense em algum filme e tente imaginar qual a mensagem principal foi passada ao final, qual o **"resumo da ópera".**

Pense em uma música que você gosta e analise qual a mensagem principal da música, sobre o que ela fala? Qual o ponto principal? Qual o contexto?

Definir uma linha editorial é definir um tema principal, uma linha mestre que será seguida para gravar a mensagem na mente do público.

Vamos continuar falando sobre música para você entender o ponto chave.

Pense no estilo de música **"Sertanejo Universitário"** e vamos analisar algumas letras rapidamente.

Peguei uma lista de 100 músicas **consideradas "As mais tocadas do momento".**

A primeira música da lista é

Vish

Diego Ferrari Part. João Neto E Frederico

Eu tô bebendo desde as 3 da tarde
São 4 da madruga e não passou

Essa saudade
Essa é a verdade
Eu admito que passei da conta
Mas se eu tô bebendo assim
É porque não tá sendo fácil
E toda vez que ela me apronta
Eu sempre caio na balada responsável

Amigo se eu soprar nesse bafômetro
Vai passar do limite
O trem tá feio pro meu lado
Se eu contar minha vida... vish!
Já tô largado, tá tudo fodido mesmo
Me algema logo e me leva preso

Repare que o tema central da música é: "Estou bebendo porquê estou com saudade. Não está fácil". O trem tá feio, o negócio tá difícil.

Uma mensagem chamada no meio da internet de "**Sofrência**".

Vamos agora para mais uma música.

Chifre não é Asa

Thayná Bitencourt Part. Mano Walter
(4.915.161 visualizações)

Calma, relaxa, respira, vai conta até três
O que tá passando também já passei, também já
Sofri, mas eu já superei
Ficar nesse desespero
não vai ajudar, reage
Para de se lamentar
Sozinha nesse quarto só vai piorar

Sei que foi difícil ver aquela cena
Se afundou na deprê porque
não vale a pena
Foi traída e quer se matar,
ameaçou se jogar da

Sacada, não custa nada
lembrar isso é chifre
Não é asa

Reparem bem que existe um padrão nos temas "Sofrimento, Traição, Segue em Frente"

Existem inúmeras músicas seguindo essa mesma estrutura padrão que se concentra em falar com uma audiência que se identifica com essa mensagem.

Se você pesquisar um pouco na internet, irá encontrar alguns vídeos apresentando o "momento de criação" das músicas.

Eles já possuem um campo harmônico padrão, já tem um público que eles querem criar uma música e ficam em busca de "**ganchos**" e "**chavões**" específicos para emplacar um novo hit.

Eles sabem exatamente aquilo que faz sucesso e por isso se concentram em criar uma mensagem extremamente específica para aquele público que se identifica com aquela mensagem.

É importante que o leitor identifique o **processo de construção de conteúdo** e não tente analisar a qualidade ou profundidade das letras, pois isso pode lhe atrapalhar na análise.

Encontre os Padrões do Seu Mercado e as Mensagens Mais Atrativas

Assim como existem padrões nas músicas, existem padrões nos filmes e seriados. São formatos "pré-prontos" com leves mudanças nos elementos e no enredo. Algumas maiores outras menores. Repare nos filmes de "Comédia Romântica" ou filmes de "Comédia Teen" a estrutura é extremamente parecida.

O mesmo acontece com seriados e até mesmo programas de TV. É extremamente importante que antes de criar uma linha editorial para o seu cliente ou para sua empresa, o leitor seja capaz de identificar alguns elementos fundamentais.

1. Qual será o gancho principal do seu conteúdo?
2. Qual será o "inimigo" em comum do conteúdo?
3. Quem serão os personagens de destaques do conteúdo?
4. Qual a grande meta a ser apresentada em todos os conteúdos?
5. Quais os maiores obstáculos que serão destacados no conteúdo?

Eu vou lhe ajudar na resposta de cada uma das perguntas usando a própria estrutura desse livro para facilitar sua vida.

1. Qual será o gancho principal do seu conteúdo?

O gancho do conteúdo é a mensagem que será repetida em todas as peças, a "frase", termo ou mensagem que será repetida insistentemente.

Assim como em todos os nossos conteúdos, esse livro trata o gancho principal de que ganhar dinheiro com o seu conhecimento é muito mais inteligente.

Ter um negócio enxuto deveria ser a sua grande meta.

Todo o livro, do começo ao fim tem como objetivo apresentar o que é uma agência enxuta, quais os benefícios e como construir sua própria agência enxuta.

Esse é o **mesmo conteúdo e o mesmo gancho** que eu uso em todos os nossos conteúdos, vídeos e palestras.

2. Qual será o "inimigo" em comum do conteúdo?

O inimigo em comum consiste no maior problema que o seu conteúdo/mensagem pretende resolver, é o grande desafio que precisa ser vencido pelo "Herói"

Em toda peça de conteúdo o grande objetivo do criador do conteúdo consiste em fazer com que o leitor ou ouvinte se sinta no lugar central, isto é, que ele se coloque como personagem principal da história.

Se você conseguir fazer com que o leitor se veja na história, bingo!

Por mais que o texto possa até falar em primeira pessoa, facilmente o leitor consegue se colocar naquela situação.

Repare muito bem nesse trecho da música:

Calma, relaxa, respira, vai conta até três
O que tá passando também
Já passei, também já, sofri, mas eu já superei
Ficar nesse desespero não vai ajudar, reage
Para de se lamentar
Sozinha nesse quarto só vai piorar
Sei que foi difícil ver aquela cena

Repare na última frase:
Sei que foi difícil ver aquela cena.

Que cena? Quem estiver ouvindo a mensagem irá automaticamente preencher essa resposta com alguma cena ou fato que lhe seja conhecido.

Esse é o recurso utilizado na produção de conteúdo para fazer com que o leitor/ouvinte se sinta no centro, algumas peças são abertas propositalmente.

Nesse livro o inimigo em comum consiste exatamente em apresentar situações adversas durante a condução de um projeto de consultoria.

No capítulo 02 eu falo sobre o "Líder, o Gênio e o Faz Tudo". Detalhadamente eu vou descrevendo cada um dos perfis.

O leitor provavelmente irá se identificar com algum dos cenários e é nesse momento que você se coloca no centro das atenções, como o personagem principal da história.

3. Quem serão os personagens de destaques do conteúdo?

O personagem principal serão os pontos de apoio durante toda a narrativa, quem estará apresentando todas as situações da jornada em todos os conteúdos.

De um modo geral eu sempre me coloco como o personagem principal nas histórias. "Quando eu fechei o meu primeiro contrato isso aconteceu" ou "A primeira vez que eu fechei um contrato de alto valor foi assim".

Porém, nesse livro e em vários outros conteúdos eu uso a história de outras pessoas.

Geralmente eu faço a introdução desse novo personagem de uma maneira contextual.

Ex: Enquanto estava escrevendo esse capítulo, tive a oportunidade de conversar com um empresário que me confessou que os últimos meses da sua empresa foram péssimos.

Um novo personagem foi apresentado e a história a partir daquele momento será contada a partir da perspectiva dele e não minha.

É extremamente importante que todas as vezes que você decidir criar um conteúdo, seja um artigo, vídeo, palestra ou PDF, definir de maneira muito clara quais os personagens irão aparecer no contexto.

4. Qual A grande meta a ser apresentada em todos os conteúdos?

Toda jornada tem um destino de chegada, um grande objetivo. Todo conteúdo precisa ter um resumo ou uma conclusão, em isso a sensação de loop aberto será frustrante para o seu público.

O final de um filme é talvez um dos momentos mais esperados pelo público. Em alguns casos, o final do filme faz com que as pessoas fiquem frustradas com o filme.

"Não acredito que terminou assim" ou
"Tudo isso para acontecer ISSO?".

O nosso cérebro anseia por conclusões e em todo o conteúdo você precisa abrir e fechar loops. Durante os nossos conteúdos eu preciso ter o cuidado de apresentar uma resposta completa, uma visão geral de um perfeito plano de ação.

A minha grande meta é mostrar para o meu leitor que agora ele sabe o que ele precisa fazer.

Algo como: "Ok! Agora você está finalmente pronto para [Meta desejada]

É muito importante que você encerre suas peças de conteúdo celebrando a nova realidade do seu público.

Algumas pessoas destacam o valor do que foi passado, como por exemplo: **"Agora você tem mais conhecimento que a maioria das pessoas no Brasil sobre o assunto X"**

É importante que você tenha muita disciplina em sempre ficar atento nesse quesito, pois cada peça de conteúdo tem como objetivo incentivar o seu leitor a dar mais um passo em direção a tomada de decisão de compra.

Isso significa que **todo o seu conteúdo tem como objetivo final reforçar a mensagem inicial,** por isso é importante que você tenha disciplina em manter o seu conteúdo alinhado com sua promessa.

Lembre-se que sua promessa está completamente alinhada com a sua oferta, que foi criada ainda na fase 01.

5. Quais os maiores obstáculos que serão destacados no conteúdo?

Toda peça de conteúdo apresenta um cenário de conflitos, dificuldades e obstáculos que deverão ser superados.

É importante deixar muito claro quais são eles sempre que você criar uma nova **peça de conteúdo.**

Em todo filme que faz sucesso você terá momentos de tensão, um momento no qual você como espectador ficará pensando: "Agora não tem mais nada que pode ser feito".

Lembre-se: Você se vê na história e no conteúdo, isso significa que quando uma situação de alto conflito é apresentada, involuntariamente você tenta resolver essa questão.

Quanto mais difícil o conflito, mais sua atenção se volta para tentar solucionar aquele problema.

No capítulo 01 desse livro eu falo sobre o modelo full service e apresento em detalhes o cenário perigoso que ele representa para quem se aventura nessa modalidade.

Em todos as minhas peças de conteúdo eu apresento o cenário de grande conflito que eu vivi, no momento que me mudei para São Paulo com o objetivo de abrir uma filial da agência.

Porém, pouco tempo depois descobri que aquele modelo não seria sustentável por muito tempo. Naquele momento eu tinha mais de 15 pessoas na minha equipe, se eu decidisse demitir todo mundo de uma vez, o custo de rescisão seria muito alto, por outro lado, os clientes estavam pagando as contas, se eu demitisse, quem cuidaria dos clientes atuais?

Como fechar novos contratos se não tenho quem cuide deles? E se eu perder algum cliente importante e começar a ficar no negativo?

São inúmeros conflitos em um curto espaço de tempo. Porém, quando eu vou apresentando exatamente como eu resolvi cada questão, o leitor é capaz de acompanhar cada passo da jornada.

Lembre-se que o leitor está no centro da história e se identifica com ela, isto é, a vitória também é do leitor.

Quando eu adiciono nos meus conteúdos que eu pedi demissão faltando apenas três meses para o meu casamento, também apresento uma situação de conflito.

Como irei pagar as prestações do buffet? Como irei pagar o apartamento novo que acabei de pagar a entrada? Como eu vou conseguir novos clientes tão rapidamente?

O personagem da história sempre tem os seus conflitos, quando eu me apresento como o personagem de um determinado conteúdo, os meus conflitos são apresentados, juntamente com as soluções.

Quando uso a história de algum empresário ou aluno, sigo o mesmo padrão.

É importante que você entenda que esses **elementos consistem apenas em um pequeno pedaço do conteúdo**, porém, que criam toda a ligação da mensagem.

Imagine que eu criei um conteúdo falando sobre: "Como criar campanhas de email marketing lucrativa".

É um conteúdo absolutamente técnico, porém, eu preciso encaixar minha mensagem principal nesse conteúdo.

Seguindo a linha mestre que você apresenta para o leitor logo acima, irei mostrar de uma maneira simples como isso deveria ser feito.

Exemplo: No vídeo de hoje eu vou te mostrar como criar uma campanha de e-mail marketing lucrativa, é muito importante que você preste muita atenção no que eu vou te ensinar durante essa apresentação.

Essas estratégias me ajudaram a sair do modelo perigoso do Full service e foi a minha salvação para fugir de contratos péssimos.

A grande vantagem do que eu vou te ensinar é que você poderá fazer tudo sozinho, sem necessidade de uma grande equipe e muitos custos. Esse é o tipo de conteúdo que eu gostaria de ter visto antes de ter contratado mais de 15 pessoas para fazer atividades operacionais quando eu trabalhava no modelo full service.

O que eu vou te mostrar nessa palestra irá te ajudar a fechar contratos de R$5.000 à R$10.000, porém, além do conhecimento em e-mail marketing, você irá precisar dominar alguns outros elementos.

Percebe como em uma pequena introdução é possível ativar praticamente todos os elementos mestres do seu conteúdo?

Uma coisa você pode ter certeza, ao final da palestra, a grande maioria das pessoas irão **gravar essas informações.**

15 pessoas na equipe - Contratos péssimos - Você poderá fazer sozinho - Menos custo - Contrato de R$5.000 à R$10.000

Você é capaz de lembrar de cenas específicas de um filme, porém, muito provavelmente 80% das cenas você não irá registrar, até que você assista novamente.

Existe a maneira correta de você criar uma linha editorial e iniciar sua produção de conteúdo, além disso, é extremamente importante que você tenha uma distribuição de conteúdo feita da maneira certa.

Não é minha intenção aprofundar nas técnicas de produção de conteúdo, afinal, isso seria tema para um novo livro.

Mas para você que quer se aprofundar nas estratégias de marketing de conteúdo, o seu próximo passo ideal é fazer parte da nossa "Certificação Especialista em Marketing de Conteúdo"

CAPÍTULO 6

Fase 03 – Criando uma nova Campanha de Aquisição

Construir uma **lista de e-mails** é sem dúvida um dos passos mais básicos para quem pretende vender usando estratégias de marketing de resposta direta, no entanto, até hoje essa é uma das fases que a maioria dos profissionais cometem mais erros.

Existe um grande **mito** por trás das chamadas grandes listas de e-mails, como se o fato de ter um grande volume de leads significasse ter um grande volume de vendas.

Antes de começar a detalhar todos os processos da criação de uma campanha de aquisição é importante que rapidamente o leitor entenda a diferença entre construir uma lista de e-mails e criar uma campanha de aquisição.

Enquanto em uma simples campanha de construção de lista o único objetivo é coletar leads ou possíveis clientes em potencial, a campanha de aquisição se concentra em construir uma lista e no mesmo momento validar uma oferta.

A maioria das empresas acredita na ideia que você precisa **construir uma lista de e-mails,** depois você precisa iniciar um **relacionamento** com as pessoas, **nutrir** para finalmente fazer uma **oferta.**

Mas na prática o que temos visto é um processo diferente.

Ao invés de deixar a oferta para a última fase, você deve colocar a oferta como a primeira fase.

Caso a resposta seja não, o que geralmente acontece com a maioria das pessoas, é iniciado a rotina das campanhas de monetização que consiste na entrega de uma peça de conteúdo seguido por uma oferta.

Porém, é importante que o leitor entenda que essa primeira oferta ela possui algumas características principais que consistem principalmente na validação da audiência.

Isso acontece através da oferta de um primeiro produto de menor valor, isto é, um "pedaço" da solução completa é oferecido já no primeiro momento que a pessoa entra na sua lista de e-mails.

Vou colocar o nosso exemplo para que você possa entender melhor esses bastidores.

Nós temos na nossa campanha de aquisição um e-book gratuito com o título: **"Como Cobrar Por Uma Consultoria De Marketing Digital"**.

Tão logo que é feito esse download já na página de obrigado nós oferecemos um produto de **R$297 que é "Projeto Consultor Digital"**.

Depois de entrar na nossa lista de e-mails e ter acesso ao conteúdo gratuito, no caso o e-book "**Como cobrar por uma consultoria de marketing digital**" nós iremos enviar uma primeira sequência de cinco e-mails incentivando o novo lead a dar um próximo passo.

Basicamente o gancho principal é: *"Recentemente você fez o download do nosso e-book sobre como cobrar por uma consultoria, o seu próximo passo ideal é o Projeto Consultor Digital, nele você irá aprender como fechar o seu primeiro contrato de R$1.000 à R$1.500 por mês.*

Simples assim.

O principal objetivo aqui é gerar uma primeira venda logo nos primeiros dias de compra de tráfego, isto é, **recuperar** o investimento em publicidade imediatamente e como meta secundária e não menos importante, validar a qualidade do novo lead.

O produto que nós iremos oferecer mais à frente será o Programa de Formação Expert em Vendas Online que é o nosso programa mais completo que irá ajudar o aluno a fechar contratos de R$10.000,00 e também à construção de uma agência no modelo enxuto.

Mas ao invés de oferecer diretamente o programa de formação, que tem um valor maior, nós validamos aquele público apresentando uma primeira oferta com um valor menor.

Isso permite a construção de uma lista de e-mails com lucro e com muito mais qualidade. Essa é nossa maneira automática de adquirir novos clientes todos os dias.

Muitos dos alunos do Projeto Consultor Digital avançam para a próxima fase que é o Programa de Formação Expert em Vendas Online.

É muito comum também que algumas pessoas comprem diretamente o Expert em Vendas Online, geralmente pessoas que sabem muito bem o que querem e procuram logo o programa mais completo.

Como criar um produto de aquisição para o seu cliente

É de **extrema importância** que você crie uma campanha de **aquisição** para todos os seus clientes. Uma campanha de aquisição mantém o ritmo de **novos leads e novos clientes na empresa diariamente**, sem isso, dificilmente a empresa conseguirá de fato vender todos os dias os seus produtos de maior valor.

No entanto, é muito comum as pessoas confundirem "ter um produto mais barato" ao invés de ter um produto de aquisição. O produto para uma campanha de aquisição precisa obrigatoriamente ter uma relação direta com o produto ou serviço principal que será oferecido.

Imagine que você é um palestrante do mercado de liderança e sua palestra tem o valor de R$10.000,00. **A melhor maneira de aumentar a sua audiência** e se tornar mais conhecido e consequentemente mais desejado é ter um livro de R$20, R$30 sobre o tema que você é especialista.

É muito mais fácil uma pessoa lhe contratar para realizar uma palestra depois de conhecer o seu conteúdo através de um livro ao invés de simplesmente chegar e pagar os R$10.000,00.

Porém, se você é um palestrante de liderança e escreve um livro sobre "relacionamentos", você será chamado para palestrar sobre liderança?

Eu sei que pode parecer algo óbvio, mas basta você olhar o **mix de produtos de algumas empresas para entender que não existe nenhuma**

relação entre suas ofertas, ou seja, não foi criada uma jornada coerente para o público seguir.

Aqui estão alguns itens obrigatórios para um bom produto de aquisição:

1. Útil, mas incompleto
2. Exceda as expectativas, mas não confunda
3. O valor proporcional ao produto de maior valor
4. Fácil de ser consumido em um curto espaço de tempo

Vamos falar de cada um deles com mais detalhes.

1. Útil, mas incompleto

Esse talvez seja o item mais importante, porém o mais difícil de ser alcançado. O maior risco que uma campanha de aquisição mal planejada pode representar para uma empresa é o que eu chamo de **"trava de faturamento"**.

Basicamente essa trava é causada pela criação de uma confusão na mente do público. É natural das pessoas pensar de maneira lógica no momento de realizar uma compra.

Chega um dado momento no processo de tomada de decisão de compra que o ser humano pensa**: Isso vai resolver o problema? Eu quero a solução.**

Se não ficar muito claro qual o exato problema o seu produto de aquisição irá resolver isso pode causar frustração ou paralização na jornada do seu público.

A promessa do seu produto de aquisição precisa ser muito bem planejada e não importa qual seu mercado de atuação, é totalmente possível criar algo útil, porém incompleto.

Vamos começar pelo mercado de produtos digitais.

Vou continuar usando o exemplo do Projeto Consultor Digital para facilitar. No treinamento a nossa grande promessa é: Feche o seu primeiro contrato de R$1.000 à R$1.500 reais. Ponto.

O grande objetivo do treinamento é ensinar como fechar um contrato com o escopo de consultoria de construção de presença online com uma parte de geração de tráfego orgânico. Fim.

É útil? Absolutamente.
É completo? Não.
Por que?

Fica evidente durante todo o treinamento que existem contratos de R$10.000,00, no entanto, para conseguir esse nível de contrato é necessário um nível maior de formação e domínio de novas estratégias.

Mas uma pessoa pode usar a lógica e pensar: "Ok! Eu vou começar com contratos de R$.1500 e depois avanço para outros contratos de R$10.000"

Perfeito! Então compra o Projeto e depois você compra o Programa de Formação Expert em Vendas Online.

Por outro lado, alguns podem pensar. Ué! Mas eu quero logo o modelo completo, vou começar pelo melhor. Não quero contratos de R$1.000 quero começar com contratos de R$10.000 é possível?

Sim, completamente e muitas pessoas fazem isso.

Percebe como existe lógica e um claro comparativo para todas as situações?

Agora vamos ver a mesma situação para a venda de um produto físico.

Imagine que eu tenho uma loja que vende guitarras. Ao invés de simplesmente ficar oferecendo "Eu tenho as melhores guitarras".

Eu posso criar uma oferta especial com "Palhetas Especiais". Pacote com 100 palhetas de R$90 por apenas R$9,90, mas é só até amanhã.

A pessoa foi lá e comprou a palheta especial, já na página de obrigado, parabéns por você ter aproveitado nossa promoção.

Agora você está em uma página especial com promoções secretas que estarão válidas para você somente até amanhã. Dentro dessa página existem ofertas exclusivas, completamente diferentes do que tem no site.

É o contexto perfeito para uma **SUPER OFERTA.**

Imagine que 100 pessoas compraram a palheta e dessas 100, cerca de 2 pessoas compraram uma guitarra nova. Excelente resultado.

Porém, agora a empresa conquistou 98 novos clientes que compraram uma primeira palheta, ainda não compraram uma guitarra, mas já são clientes. Isso significa que será muito mais fácil vender uma nova guitarra para aquele público, concorda?

Essa é a grande base de uma campanha de aquisição. Ao mesmo tempo que você gera lucro imediato, o terreno é completamente preparado para uma colheita futura.

Falemos agora sobre a venda de um serviço.

Imagine que você venda um treinamento corporativo.

Você pode ter um treinamento online com um valor menor, falando sobre o método que você ensina nos seus treinamentos presenciais.

A pessoa pode comprar os vídeos e ver como funciona o método. Isso é útil? Sim!
Completo? Não.
Por que?

O criador do método tem um treinamento presencial e se ele não está lá orientando, o resultado dificilmente será o mesmo.

2. Exceda as EXPECTATIVAS, mas não confunda

A grande vantagem de uma campanha de aquisição é que ao mesmo tempo que você cria uma lista, você gera uma primeira venda, prepara para próxima e além de todas essas vantagens, você pode criar fãs.

A sua grande meta é que o seu público diga o seguinte ao final do seu produto de aquisição: **"Se esse treinamento já foi tão bom, imagine o mais completo".**

"Se somente o livro já me entregou tudo isso, imagine o mais completo"

Mas existe um grande risco nessa meta e você precisa ficar muito atento nisso. Caso a sua entrega confunda sua audiência ao ponto do seu público pensar: **"Nossa! É muita coisa para processar, preciso de um tempo para colocar isso em prática".**

Sua campanha de aquisição falhou.

Há cerca de três anos nós criamos um treinamento chamado Sistema de Vendas Online, a ideia era que ele fosse um produto de aquisição para levar para o Programa de Formação Expert em Vendas Online.

Lá era ensinado uma primeira campanha e depois o ganho final dizia:

"Ok, agora você aprendeu uma, se quiser aprender todas, avance para o Programa de Formação Expert em Vendas ONLINE."

Porém, não foi isso que aconteceu. Apesar do grande sucesso do produto e do ótimo faturamento que foi gerado, a grande maioria das pessoas ficaram paradas lá, implementando e digerindo aquela primeira campanha.

O programa tinha o valor de R$995 e algumas vezes era vendido com uma super oferta de R$495.

Depois de centenas de alunos e um bom faturamento, analisamos criteriosamente o avanço daqueles alunos e percebemos que como produto de aquisição ele não estava cumprindo o seu papel.

É importante que fique claro para o leitor que o objetivo da campanha de aquisição é entregar uma primeira vitória para o público por um valor mais acessível.

O produto de aquisição sozinho já é capaz de entregar uma transformação e um bom resultado para o cliente, no entanto, de maneira propositai ele não se propõe a entregar todas as peças.

Imagine a ideia de um "Curso de Extensão" e um Curso de Graduação. Um é mais barato que o outro, porém, o seu peso é diferente no currículo de um profissional.

Destaco isso para evitar ruídos ou má interpretações acerca da importância de entregar um produto de qualidade ao mesmo tempo que ele prepara a pessoa para um próximo passo.

3. O valor proporcional ao produto de maior valor

Por muito tempo se acreditou que somente produtos com valores de R$7 ou R$10 surtiriam um efeito para uma campanha de aquisição. Porém, depois de vários testes e um bom período de acompanhamento dos resultados sabemos que isso não é verdade. Muito pelo contrário.

Quanto maior o valor do produto que você pretende de fato vender, maior deve ser o seu produto de aquisição.

É uma "linha imaginária" entre o valor do primeiro produto de aquisição e o produto principal que será a monetização.

Lembre-se da linha entre o **projeto consultor digital r$297 para o programa de formação expert em vendas online r$5.000 À vista ou r$6.000 Parcelado.**

Apesar de ser um salto considerável entre os valores, o primeiro investimento já tem o potencial de qualificar a audiência.

Se eu vendo o Projeto Consultor Digital por R$7 ou R$47, obviamente a taxa de conversão será maior, porém, a taxa de migração para o próximo produto será bem menor.

Não tem segredo o preço de um produto é uma das melhores maneiras para segmentar uma audiência. Particularmente eu prefiro trabalhar com produtos de maior valor, na minha experiência pessoas que investem mais estão sempre mais comprometidas.

Não estou falando sobre pessoas que tem mais dinheiro, afinal, muitas pessoas fazem o investimento com muito sacrifício e bastante esforço, não são pessoas que tem dinheiro sobrando, mas pessoas que entenderam que é preciso pagar o preço.

Dependendo do valor do produto do seu cliente ou do seu produto, é importante que você analise com cuidado essa linha entre o produto de aquisição e monetização.

Para lhe dar algumas referências colocarei aqui alguns indicadores.

- Para um produto de R$ 995 um produto de aquisição de R$ 97 seria o ideal.
- Para um produto de R$ 3.000 um produto de aquisição na casa dos R$ 197 seria o ideal.
- Para um produto de R$ 5.000 um produto de aquisição de R$ 297 seria o ideal.

Algumas pessoas trabalham com produtos de aquisição com valores acima, R$ 397 ou R$ 497. É preciso ficar muito atento aos números para que não aconteça o problema com a migração de um produto para o outro.

Na nossa experiência, entendemos que quanto maior o valor do produto, mais as pessoas sentem necessidade de "**mergulhar no produto**" por um tempo maior.

Nossos testes foram até o produto de R$ 297 e tivemos uma experiência com R$ 497.

Com o Projeto Consultor Digital de R$ 297 não percebemos nenhuma objeção em migração por conta do valor.

"Investi R$ 297 vou esperar".

É importante que o leitor leve em consideração que nossos treinamentos em sua totalidade permitem que o cliente aumente seus rendimentos financeiros, o que facilita o avanço nos programas por conta da expectativa de ganhos maiores.

O seu papel é **analisar dentro do seu mercado** o que o seu produto/serviço proporciona e como justificar para o seu público um novo investimento.

O que de fato ele irá ganhar avançando?

4. Fácil de ser consumido em um curto espaço de tempo

Um dos pontos fundamentais para um bom produto de aquisição é que ele seja fácil de ser consumido. É importante relembrar ao leitor que o produto de aquisição precisa ter uma meta muito clara, nunca esqueça disso.

Lembre-se do projeto Consultor Digital.
A grande meta é ajudar o público no fechamento do seu primeiro contrato de R$1.000 à R$1.500 reais.

Na descrição dos módulos do treinamento eu sigo uma ordem muito simples.

1. Como criar o seu posicionamento e autoridade
2. Como funciona o mercado de Consultoria
3. Como definir o seu escopo de serviços
4. Como negociar e fechar o seu primeiro contrato
5. Como executar a consultoria de presença online

Repare que existe uma meta clara para cada uma das etapas. É fácil para o aluno seguir uma ordem lógica do começo ao fim.

Se ele se dedicar em poucos dias ele consegue terminar o treinamento e colher os primeiros resultados.

Algo extremamente comum são alunos que assistem os primeiros 4 módulos, conseguem uma reunião com uma empresa e acabam fechando um contrato de um valor maior, algo na casa dos R$ 5.000,00.

Sem saber o que fazer exatamente, avançam às pressas para o Programa de Formação Expert em Vendas Online. É muito importante que você sempre analise o tempo de consumo do produto de aquisição.

Como promover o seu imã digital e ativar sua campanha de aquisição

Repare que eu dediquei um bom tempo para explicar todas as características de um bom produto de aquisição. Por quê?

Simplesmente porque o produto de aquisição é a base para construir um imã digital perfeito. Se você criar um bom produto de aquisição, provavelmente você será capaz de construir um ótimo imã digital.

> É comum algumas pessoas tentarem fazer o processo ao contrário.

Primeiro eles pensam em um imã digital e depois eles pensam no produto de aquisição. Seguindo nessa ordem é provável que você erre na conexão entre as duas partes.

Mas partindo do produto de aquisição para o imã digital tudo fica mais fácil.

Lembre-se que o imã digital é um pedaço de uma solução específica para um problema específico.

O objetivo do imã digital jamais deve ser apresentar uma explicação completa e detalhada sobre vários e vários pontos, muito pelo contrário.

O seu imã digital precisa entregar de uma maneira simples, direta e objetiva a resposta para apenas uma pergunta. Sim, apenas uma única pergunta e nada mais do que isso.

Repare bem no nosso imã digital: "Como cobrar por uma consultoria de Marketing Digital", aqui o grande objetivo é responder apenas essa pergunta. Durante todo o conteúdo irei explicar por a + b como cobrar por uma consultoria.

É importante destacar que dentro desse e-book eu falo sobre **3 tipos de escopos** que você pode cobrar por uma consultoria:

- Falo sobre os contratos de R$1.000 à R$1.500 reais por mês
- Falo sobre os contratos de R$2.000 à R$5.000 reais por mês
- Falo sobre os contratos de R$10.000 por mês

Lembrando que para as pessoas que fizeram o download desse e-book será oferecido um produto que promete ensinar a fechar os contratos de R$ 1.000 à R$ 1.5000 por mês, no caso, o Projeto Consultor Digital.

Por outro lado, logo mais à frente será oferecido para esse público um treinamento que promete ensinar fechar contratos de R$ 10.000,00.

Percebe como existe uma mensagem única que percorre todas as etapas, sem exceção?

É por essa razão que eu tenho insistido tanto na importância de seguir as 4 fases na exata ordem. Começando pela nova oferta, seguindo pela linha editorial, o momento da campanha de aquisição fica extremamente simples.

Infelizmente, a maioria dos profissionais já começam pensando em criar um pdf gratuito ou um e-book qualquer. Como resultado toda a comunicação fica confusa e muito dinheiro é desperdiçado em publicidade.

A arte de promover um imã digital com tráfego pago e criar uma sequência perfeita de e-mails

> Depois de validar o seu imã digital e o seu produto de aquisição é chegado o momento de promover o seu imã e acompanhar o resultado da sequência de emails.

Não é nosso objetivo aprofundar nos detalhes técnicos de criação de anúncios no Facebook, sequência de e-mails e otimização da campanha de aquisição, afinal, isso poderia gerar um novo livro somente sobre esse assunto.

Se você quer se aprofundar no tema, o ideal é que você faça o Combo **"Certificação Especialista em Email Marketing"** e **"Especialista em Otimização de Funis de Vendas"**

CAPÍTULO 7

Fase 04 – Criando um Calendário de Novas Campanhas de Monetização

Quem vende todos os dias tem uma coisa em comum: ofertam todos os dias.

Esse talvez seja um dos grandes medos dos empresários e eu preciso repetir isso algumas vezes até que a mensagem fique muito clara.

Sempre que eu falo sobre vender todos os dias e enviar e-mails todos os dias, é normal causar um espanto na grande maioria das pessoas. A primeira coisa que eles pensam é o fator de receberem a imagem de um vendedor chato ou até mesmo um vendedor "desesperado".

Mas a verdade é uma só. Quem não oferece, não vende.

A boa notícia é que existe uma maneira organizada de fazer ofertas recorrentes. Além disso, não são as mesmas pessoas que irão receber ofertas todos os dias.

Uma campanha de monetização bem-feita consegue apresentar a oferta certa, no momento certa para o público certo.

Para vender todos os dias você precisa respeitar todas as quatro fases, além disso, diariamente você terá pessoas consumindo algum conteúdo gratuito da sua empresa ou do seu cliente, pessoas baixando um material gratuito, pessoas comprando um produto de aquisição e pessoas comprando o produto principal.

Existe uma dinâmica muito organizada que acontece diariamente e é esse conjunto de ações que permite uma previsibilidade nas vendas. Se você estiver atento à todas as etapas, como resultado você terá vendas diárias.

É uma simples relação de causa e efeito. Se você não produz conteúdo, você não cria audiência. Se você não tem um imã digital, você não tem novos leads, sem novos leads, você não vende produtos de aquisição, sem novos leads você não pode oferecer o produto principal para um volume suficiente de pessoas.

Diariamente você precisa trabalhar nas quatro grandes áreas:

1. Novos conteúdos
2. Novos leads
3. Novos clientes (Produto de menor valor)
4. Novos clientes (Produto principal)

Manter essas quatro áreas saudáveis é garantir que a sua empresa irá vender todos os dias.

No entanto, não adianta ter novos conteúdos, novos leads e novas pessoas comprando o produto de aquisição se você não oferecer o produto principal.

É simplesmente inútil.

Infelizmente, muitas e muitas empresas simplesmente mantém suas listas de e-mails completamente paradas e não tem nenhum tipo de ação para vender seu produto principal.

Pessoas com listas de e-mails com 40.000, 100.000 pessoas, alguns milhares de clientes no meio dessa lista que já compraram outros produtos, porém, nada é oferecido.

Essa talvez seja a maior falha no processo de vendas de milhares de empresa no Brasil e no mundo. Ele tem uma lista de e-mails com pessoas na sua grande maioria das vezes extremamente qualificadas, porém, nada é oferecido, nada é feito.

Em muitos casos apenas artigos são enviados ou vídeos aleatórios ou qualquer outro tipo de ação que na prática não gera nenhum resultado em faturamento.

O que é uma campanha de monetização?

Uma campanha de monetização é simplesmente uma peça de conteúdo que tem como objetivo falar de um problema específico da audiência e apresentar uma solução completa.

Repare que aqui, diferente do que acontece com um imã digital que se trata de uma solução específica para um problema específico, a campanha de monetização fala de um problema específico e mostra uma solução completa.

Falar de um problema específico consiste simplesmente em uma estratégia de segmentação. Explicarei isso em detalhes mais à frente.

Essa peça de conteúdo pode ser entregue das seguintes maneiras:

1. Mini treinamento (Sequência de 3 vídeos + 1 vídeo de venda)
2. Webinar AO VIVO
3. Webinar Gravado
4. Sequência de artigos no Blog
5. Vídeo com uma palestra e uma oferta ao final
6. Live no Facebook entregando um conteúdo e ao final uma oferta

Etc...

A campanha de monetização consiste basicamente no envio de uma série de e-mails para sua base atual de e-mails, convidando para algum desses itens acima.

Imagine o seguinte percurso percorrido por um lead na base de e-mails do seu cliente ou da sua empresa.

1. Ele leu um artigo no seu blog
2. Baixou um E-book e entrou na sua lista
3. Comprou seu produto de aquisição
4. Viu a oferta do produto principal e não comprou

O que fazer com ele? Infelizmente a grande maioria das empresas não fazem absolutamente nada.

Continuam enviando conteúdos aleatórios, outros promovem produtos como afiliados e outros simplesmente esquecem que essas pessoas existem. Mas repare bem na quantidade de passos que essa pessoa já deu.

Leitor do blog, membro da sua lista, comprou um primeiro produto.

A verdade é que em média apenas 1% das pessoas irão de fato comprar logo no primeiro momento. 1% é considerado uma excelente taxa de conversão, em muitos casos a taxa fica na casa dos 0,5% ou até menos.

É normal que as pessoas não tomem uma decisão de compra imediatamente. O processo de tomada de decisão de compra exige um processo de amadurecimento extremamente normal.

Ou você acha que é normal uma pessoa assistir uma palestra de 1 hora de um completo desconhecido e simplesmente passar o cartão comprando um produto de R$ 4.000?

Não, isso não é normal. Infelizmente, criou-se no mundo do marketing digital um imediatismo que exige que um faturamento deve ser gerado em 1 hora, 1 semana, 1 dia, etc.

Na vida real as coisas não funcionam dessa maneira e na minha opinião é melhor que seja assim. Vivemos em uma rotina extremamente passível de erros e mudanças intensas, logo, é preferível que você tenha inúmeras chances de realizar uma venda.

Essa é a principal base de uma campanha de monetização que tem como princípio criar inúmeros pontos de conversão, isto é, uma nova oportunidade de compra para o mesmo produto.

Pense em algo que você comprou e que foi necessário pensar sobre o assunto por algum tempo. Primeiro você pesquisou, refletiu, pediu opinião de amigos ou especialistas para finalmente tomar sua decisão.

Esse é o processo normal de uma compra. Porém, existe uma maneira que você pode influenciar e acelerar o processo de tomada de decisão do seu público.

Como?

Simplesmente entregando novas peças de conteúdo e apresentando novas abordagens que possam ajudar no processo de tomada de decisão. Além disso, a cada nova campanha você será capaz de influenciar diretamente em um dos fatores mais importantes para a tomada de decisão que é a confiança.

O público confia em você? Na sua empresa?

A cada nova campanha essa confiança será cada vez maior. Nos últimos anos eu já realizei mais de 100 palestras online. Algumas pessoas tão logo que nos conhecem, iniciam uma verdadeira maratona de nossas palestras, uma atrás da outra.

> Essa é uma maneira de ter certeza que o que eu ensino é o ideal para elas, além disso, elas tem a oportunidade de me conhecer melhor. Simples assim.

Porém, existe uma diferença enorme entre entregar conteúdo gratuito e executar uma campanha de monetização. Como o próprio nome diz, uma campanha de monetização tem como grande objetivo gerar uma venda.

Por isso ela apresenta uma série de características únicas e que precisam serem seguidas do começo ao fim. Independente do formato que você irá escolher para executar, seja um mini treinamento, webinar ao vivo ou gravado, não importa.

Vamos entender agora algumas das características de uma campanha de monetização feita da maneira correta.

O princípio que norteia **uma campanha de monetização é o que nós chamamos de estratégia E-mail Mestre,** é importante que o leitor lembre que todas as ações serão iniciadas e encerradas através de ações com a base de e-mails atual da empresa.

Isso não impede obviamente que outras ações possam ser realizadas de maneira complementar, como anúncios de remarketing, chats, etc.

A estratégia que nós chamamos de E-mail Mestre é dividida em quatro grandes etapas, são elas:

1. Segmentação
2. Engajamento
3. Oferta
4. Reset de atenção

Cada uma das quatro fases exerce um papel vital em cada etapa da campanha de monetização. Errar em algumas das quatro fases pode impactar diretamente no faturamento de cada campanha.

Vamos começar a entender os bastidores de cada uma delas.

A fase da Segmentação em uma Campanha de Monetização

Todo produto ou serviço de um modo geral possui mais de um benefício, ou seja, o mesmo produto pode representar uma solução específica para cada pessoa.

Pessoas diferentes podem decidir comprar o mesmo produto por razões diferentes, essa é a premissa básica para entender a **fase da Segmentação.** Imagine por exemplo o nosso Programa de Formação Expert em Vendas Online para entender como usar o conceito da segmentação.

Na nossa formação nós treinamos os nossos alunos nas seguintes áreas:

1. Modelo de negócios de consultoria
2. Como fechar contratos de alto valor
3. Como organizar a execução de uma consultoria
4. Estratégias de geração de tráfego
5. Estratégias de construção de lista

6. Estratégias de copywriter

7. Criação e otimização de campanhas e funis de vendas

Lembre-se do conceito de um problema específico com uma solução completa.

Imagine que eu escolho o tópico 06 da nossa lista de benefícios que no caso representa Estratégias de CopyWriter.

Eu decido então criar uma aula com o tema "**Como se tornar um CopyWriter profissional e ganhar dinheiro com o seu conhecimento**".

Nesse momento eu escolhi apenas um dos atributos do programa completo, isto é, apenas um problema específico para ser resolvido. Quando eu fizer um disparo de e-mails falando sobre o tema "Copywriter", as pessoas interessadas no assunto irão dar um passo em direção a esse conteúdo.

Essa é a fase da segmentação acontecendo. Somente as pessoas que demostrarem interesse no tema irão se cadastrar para assistir a aula, ou seja, pessoas que irão abrir o e-mail, clicar no link, realizar um cadastro e participar da aula completa.

A segmentação em si significa somente a etapa de definir um tema específico dentro dos vários temas que um produto/serviço podem solucionar.

Basicamente na fase da segmentação são enviados cerca de **três emails de convite**, destacando os pontos principais do **mini-treinamento, webinar, LIVE, OU SEJA, qual for o meio de entrega do conteúdo**.

É extremamente importante analisar os tópicos que você destaca no momento da segmentação, pois em um dado momento você começa a identificar quais os tópicos mais lucrativos, ou seja, aqueles que geram uma maior taxa de conversão.

A Fase do Engajamento em uma Campanha de Monetização

Quanto mais engajado o seu público mais fácil será ele dizer sim para a sua oferta.

A fase do **engajamento consiste no consumo da peça de conteúdo,** ou seja, aparecer no webinar e assistir a aula completa; clicar no link para o mini treinamento e assistir ao vídeo; clicar no link e ler o artigo do blog, etc.

Algumas pessoas serão ativadas no momento da segmentação, porém, não irão engajar com a peça de conteúdo. Imagine que após enviar o e-mail sobre a palestra com o tema Copywriter, o cliente em potencial simplesmente não aparece para assistir a transmissão.

Isso significa que ele não engajou, logo, se você seguir para a fase da oferta, provavelmente não conseguirá ter um bom resultado.

Imagine que você realizou uma live no Facebook, destacando um tema específico da promessa da sua empresa ou do seu cliente. Algumas pessoas apareceram no início da transmissão, mas logo foram embora.

Esse é um público considerado "**não engajado**", ou seja, quando chegar no final da transmissão e você realizar uma oferta, esse público não verá a oferta sendo apresentada.

Essa é uma das grandes vantagens da campanha de monetização, pois é possível entregar uma experiência customizada para sua base. Você não chega simplesmente fazendo uma oferta direta, existe sempre uma fase anterior de engajamento que consiste nessa preparação para a oferta.

A fase da oferta na campanha de monetização

O momento da oferta pode ser dividido em duas grandes fases. Irei usar o exemplo do Webinar para facilitar que você tenha uma visão geral do processo.

Imagine que você enviou uma sequência de e-mails convidando para uma palestra com um determinado tema. (**Fase da Segmentação**).

Imagine que algumas pessoas apareceram na transmissão e assistiram toda à apresentação do conteúdo. (**Engajamento**).

O momento da oferta é quando você encerra a fase do conteúdo e faz a virada para a venda. É extremamente importante saber fazer uma transição do conteúdo para a oferta.

Um dos melhores ganchos para fazer a virada é realizar um encerramento formal para o conteúdo e avisar que quer apresentar algo exclusivo para os participantes.

Exemplo: Muito bem... chegamos ao final da nossa palestra...Muito obrigado e parabéns por você ter ficado até aqui. Eu preparei algo bacana para apresentar exclusivamente para você que ficou comigo até o final...

Nesse momento é iniciada a **oferta** e o detalhamento do produto/serviço seguido de uma chamada de ação. É muito comum que a maioria das pessoas esperem que boa parte das vendas aconteçam já durante a transmissão, porém, isso não é verdade.

O mais natural é que as pessoas não comprem naquele exato momento e prefiram esperar um pouco, conversar com alguém antes e então tomar uma decisão, por isso é importante que você saiba fazer uma oferta que seja boa o suficiente para que algumas pessoas tomem a decisão na hora, porém, deixe a porta aberta para uma sequência de oferta futura.

Vou explicar isso com mais detalhes. A fase da oferta também acontece através de uma sequência de e-mails. Imagine que algumas pessoas participaram da sua palestra, viram a oferta, porém, não tomaram nenhuma decisão.

Alguns dias após a transmissão você irá executar uma sequência de e-mails de vendas. Aquelas pessoas já participaram das duas fases.

Foram segmentadas pelo tema, engajaram com o conteúdo e viram a oferta. Nesse momento sua sequência de vendas é um simples follow-up definindo um deadline para a tomada de decisão.

Algo nessa linha: Recentemente você assistiu minha palestra X e eu falei sobre o produto Y. Você tem até data X para dar o próximo passo...

Lembrando que tomando essa decisão você irá aprender:

Lista de benefícios.

Essa é uma sequência de três a cinco e-mails de lembrete da oferta. Geralmente essa é a fase com o maior volume de vendas.

Muito bem, mas existem pessoas que foram segmentadas, engajaram, viram a oferta, o encerramento e não compraram, o que fazer com elas?

Essa é a quarta etapa do chamado "Reset de Atenção"

A fase do reset de atenção na campanha de monetização

O Reset de atenção é uma fase que antecede o início de um novo ciclo com Segmentação, Engajamento e Oferta. Esse é um momento simplesmente de quebrar o padrão e "reiniciar a atenção".

Imagine você em uma loja de perfumes e logo após sentir alguns aromas já começa a ficar confuso. O que é oferecido para você? Um pouco de grãos de café para que você possa "zerar" os aromas que você está sentindo.

Da mesma maneira antes de tomar um café, geralmente é oferecido uma água com gás para limpar as papilas gustativas. A linha aqui é exatamente a mesma, porém, mudando de assunto da segmentação anterior ou o formato da entrega de conteúdo.

Imagine que o seu público recebeu uma palestra em vídeo, você pode enviar um e-mail levando para um artigo no Blog. Você pode enviar um e-mail com uma pesquisa, perguntando quais os problemas o seu público está vivendo e gostaria de uma ajuda, etc.

Esse é um momento de quebrar o padrão, pedir algum tipo de interação, mudar o "rumo da conversa" e principalmente de uma maneira indireta mostrar que aquela oferta antiga de fato acabou e o assunto foi encerrado.

Toda campanha de monetização precisa passar obrigatoriamente pelas quatro fases, é exatamente isso que irá permitir a criação de uma rotina recorrente.

As **campanhas de monetização** representam uma das partes mais fundamentais do processo para vender todos os dias, pois é exatamente nesse momento que os **produtos de maior valor são oferecidos para a base** que ainda não avançou nessa direção.

Reiniciar a atenção consiste em conseguir prender o público na promessa do seu produto/serviço e preparar o terreno para a próxima campanha com um novo tema.

Nos últimos anos eu realizei centenas de campanhas de monetização, em sua grande maioria aulas ao vivo e aulas gravadas no formato de webinar. É muito comum que algumas pessoas assistam de duas a três transmissões até que tomem a decisão de entrarem no programa de formação.

Outros, já na primeira transmissão tomam a decisão, mas sem dúvida se somente uma única transmissão tivesse sido feita, os resultados seriam completamente inferiores.

É importante destacar que a cada nova campanha de monetização sua autoridade aumenta com o seu público, afinal, você entregou mais uma peça de conteúdo relevante e ajudou sua audiência com uma nova pequena vitória.

Ao mesmo tempo que isso é uma coisa boa, é importante que você tenha muito cuidado para não transformar uma campanha de monetização em uma campanha de "paralização". Se você errar na estrutura da campanha e simplesmente ficar entregando conteúdo gratuito, sua audiência não terá razões que justifiquem um próximo passo.

Além disso, você precisa validar o público através das campanhas de monetização com o resultado em vendas.

Se as pessoas estão participando de suas campanhas e não estão convertendo como deveria, **é importante você olhar com cuidado as fases anteriores para verificar se o público é de qualidade**.

Não justifica você executar uma série de campanhas de monetização e não conseguir gerar vendas.

Lembre-se que a grande maioria das pessoas disseram "ainda não" para sua oferta.

CAPÍTULO 8

Como Salvar o Seu Negócio do "Fracasso"

Você pode olhar na história das grandes empresas que experimentaram um grande sucesso, mas que depois sofreram duramente o golpe do fracasso que todas elas tem algo em comum.

Eu quero que você preste atenção nas empresas que primeiro deram muito certo e depois começaram a declinar até o seu fim completo.

Não pense nas empresas que decretam falência nos seus primeiros meses ou anos, se concentre nas empresas que deram muito certo.

Agora com essa lista de empresas na sua mente procure o seguinte ingrediente em comum que foi fatal para que esses grandes impérios fossem reduzidos ao pó.

Esse ingrediente se chama "Concorrência", todas as grandes empresas que um dia foram grandes e depois amargaram derrotas sofríveis foram "esmagadas" por um novo concorrente.

Mas se você parar e prestar atenção ainda mais nos bastidores, irá descobrir que **na realidade a concorrência é apenas um efeito, o que causou o fracasso foi o mesmo fator que pode fazer com que o seu negócio "trave" ou "quebre" nos próximos anos.**

Esse elemento é o que eu chamo de "Deixados para trás". Alguns irão chamar de **"falta de inovação".** Mas eu gosto de dizer que é simplesmente uma empresa ou um negócio que para no tempo.

Se o seu negócio parar de procurar pela "próxima onda" ou parar de otimizar seus processos ou parar de prestar atenção na mudança do seu público, o fracasso é algo bem provável.

Grandes empresas que dominavam mercados, foram simplesmente deixadas para trás por uma solução melhor, mais barata, mais eficiente ou mais moderna.

Muitas agências de marketing digital e muitos consultores já viveram dias de glórias no passado. Sites vendidos por valores na casa dos R$50.000,00. Hoje, muitos dessas pessoas colocam a culpa nas pessoas que estão "prostituindo" o mercado ou cobrando barato demais.

A verdade é que muitas empresas não querem ou não acham que vale a pena pagar R$50.000,00 em um site quando existem pessoas cobrando R$1.000,00, não importa qual argumentação seja usada.

Assim como muitos empresários acham caro pagar R$10.000,00 para uma agência "fazer tudo" para ele. Existem outros pagando R$10.000,00 apenas para receber orientação.

Por que existe uma disparidade tão grande entre os modelos de negócios?

Eu não quero lhe dar sono escrevendo sobre "preço x valor" ou filosofias do tipo. A razão é uma só, as pessoas compram quando elas decidem que aquilo é bom para elas. Elas pagam de acordo com o que elas entendem que é justo ou vale a pena.

Ou você aprende a ler o mercado e entender o que está acontecendo ao seu redor ou você será deixado para trás.

Do Seo para contratos de R$ 20.000,00

Quando eu comecei a oferecer consultoria SEO naquela época a maioria das pessoas se apresentavam ao mercado como especialistas em mídias sociais.

Eu cobrava mais caro para oferecer um serviço que eu dizia: "**Quase ninguém sabe fazer isso". O que você prefere**?

Likes na sua página ou pedidos de orçamento sendo gerados através do Google?

Depois novas e novas agências foram surgindo. Existia algo mais moderno sendo oferecido, foi quando comecei a oferecer criação de Funis e Campanhas de Vendas.

Eu dizia: "Você vai realmente depender apenas do Google? Quando você pode ativar as mesmas pessoas com e-mails, vai ficar esperando que alguém decida procurar algo no Google? Boa sorte".

O avanço das estratégias faz com o que aquilo que você faz hoje, se torne totalmente irrelevante amanhã ou parcialmente prejudicado comercialmente falando.

Você vai realmente comprar uma máquina digital? A máquina de qualquer celular é tão boa quanto.

Porém, por um bom tempo quem vendia máquina digital falava. Você vai relevar suas fotos? Sério?

Se você não SE "atacar" ALGUÉM irá fazer isso no seu lugar.

Hoje no Brasil são poucos os profissionais que sabem criar funis de vendas, campanhas, porém, com o passar do tempo, mesmo que lentamente, um número cada vez maior de pessoas irá aprender essas estratégias.

Os contratos que você irá fechar por R$10.000,00 usando o que eu te ensinei nesse livro, será mais difícil em alguns anos.

Outras pessoas irão aprender e irão cobrar R$1.000,00. É inevitável.

Porém, enquanto eles estiverem cobrando R$1.000 pelo que você faz hoje por R$10.000,00, quando isso acontecer, você terá algo novo e melhor nas suas mãos.

Foi essa decisão que eu tomei em 2014 e desde então temos seguido firmes na missão de nunca fica para trás quando o assunto é vender online.

Com esse livro você estará pronto para se posicionar no topo do mercado, gerar um alto faturamento, com uma ótima margem de lucro. Isso é certo.

Porém, se você quer manter isso pelos próximos anos, você vai precisar fazer parte de um Grupo que diariamente está à procura da próxima onda.

Um grupo que está sério em perseguir as estratégias mais modernas, poderosas e lucrativas para vender todos os dias.

Felizmente, esse grupo tem nome: Expert em Vendas Online - MasterClass.

Se você quer fazer parte do grupo dos pioneiros e continuar fazendo parte dele pelos próximos anos, **o Expert em Vendas Online - MasterClass é o seu próximo passo ideal e definitivo.**

O Expert em Vendas Online - MasterClass é um grupo que você pode ser acompanhado durante 12 meses, ter acesso aos bastidores de todas as estratégias mais avançadas de marketing digital e vendas online.

Quando os seus 12 meses encerrarem, você poderá renovar sua participação no grupo por mais 12 meses e assim sucessivamente.

Quer continuar no topo?
Essa é sua grande chance.

Essa é sua chance de não ser deixado para trás, evitar o fracasso e perseguir diariamente o seu próximo nível. Eu te espero nessa jornada que será incrível.

Boa sorte!

Grande abraço

Fica com Deus

Natanael Oliveira
CEO e Co-fundador
Marketing Com Digital

Leia também:

NÃO ME FAÇA DORMIR
O Manual para Você Vender Todos os Dias Usando a Internet

DVS
EDITORA
www.dvseditora.com.br